The more noticeable change was not so much the cover but the map itself. In order to declutter what had become a complex map, according to Transport for London executives, zones were erased and as if by magic the river disappeared entirely. All this was made without grand announcement but the Londoners were quick to react, including its mayor who demanded the Thames reappear, which it did in the following edition a few months later. Abracadabra.

LE COUTEAU — OK TIERS

Charlotte York

Dent de Leone — LeMégot

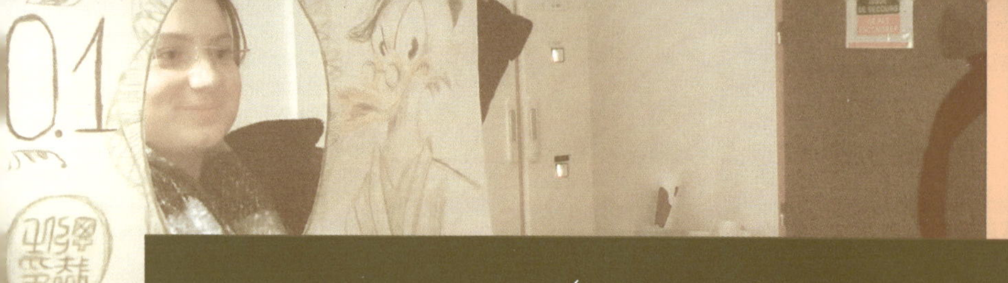

Conversation entre Matthieu Becker, enseignant aux Gobelins à Paris et éditeur (LeMégot), et abäke / Charlotte York à propos d'un workshop en janvier 2023 :

MB : Je suis ravi de la manière dont ce projet de FAUXSES AMI·ES se goupille. La première semaine de janvier pourrait être un temps fort avec cinq jours d'affilée et 58 élèves de première année : production de contenu puis dans un deuxième temps l'impression et le façonnage de l'objet et enfin un temps où l'on présenterait le résultat lors d'un lancement. Ou alors en faisant le workshop avec des elfes, comme tu le proposais haha.

CY : Peut être que The Knife peut devenir un point de départ pour le workshop avec tes étudiant·es des Gobelins. J'apporterai les originaux des objets du musée dans un portefeuille et je leur ferai une visite guidée le premier jour. Peut-on envisager que ce workshop produise une « traduction » en français du livre ? Par traduction, j'entends une traduction littérale d'un des textes par les étudiant·es (en franglais approximatif ou précis), puis une traduction en image de ce texte en créant l'objet décrit et enfin une traduction conceptuelle et personnelle.

Ce sera l'occasion de découper un exemplaire du livre en live avec un couteau pour distribuer les histoires à traduire. DESTROY avant de reconstruire.

Si l'école ne peut pas rémunérer plus de temps, je pourrais faire les deux jours supplémentaires en avril en échange de 100 publications, publiées par Dent-de-Leone, et ce serait même chouette d'avoir une coédition avec toi et l'école.

MB : Banco, une coédition Dent-de-Leone x LeMégot x Gobelins, c'est parfait.

CY : Le logo est tout trouvé : un elfe qui fume le mégot d'un pissenlit !

ISBN·978-1-907908-80-4

KAJSA OF ABAKE
Le couteau : ca n'est que le debut

LE COUTEAU :   ÇA N'EST QUE LE DÉBUT
Paris

ICE : 001535237000096

Je suis ton couteau
Tous les couteaux
Couteau de table
Couteau de poche
Qui est le couteau ?
Le savoir de conserver
Curieuse visite
Confiance inclassable
Maison poussiéreuse
(La) croyance du portefeuille
Poésie authentique
Interprétation sauvage
Théâtre expérimental
Poil qui compte
Histoire pliée
Personnes invisibles
Micro cosmos étrange
Tenant le coup
Objet de l'étranger
Aventure hyperliée

Ordure de valeur
Voyageant léger
Monnaie chauffée
Musée éveillé
Marche de cimetière
Thérapie familiale
Savoir récupéré
Merveilleuse pertinence
Temps rendu
Crédibilité du cœur
Assez incertain parfois
Véritables nœuds
Claquement merveilleux
Prostitution voisine
Compétences d'écoute
Photocopie importante
Conscient de son existence
Drogue douce
& autres merveilles en attente.

05/11/2012 10:14
Caisse 02

–Kajsa de åbäke

COLOPHON : Version Abrégée, Traduction De L'anglais Par (Liste De Toustes) (PARIS) Tom Benyahia, Zoe Berthelot, Mathilde Cahen, Théa Caron, Adélie De La Villeguérin, Olivia Forgès, Aloïs Foucault, Malicia Garcia, Giovani Gil-Escriche, Svéa Gouget, Mathurine Guillaud, Juliette Kidney Perks, Solène Ollive, Mathilde Richetin, Josué Saint-Louis, Elora Tanguy, Clément Berneron, Marie Bonnet, Fleur Coulm, Chléa Dufays, Guillaume Fortuna, Justine Guillier, Juliette Madeira, Coline Marais, Sophie Montaudouin, Siloé Ralite, Thibault Renou, Thibaud Romieu, Victor Sadot, Violette Thibault, Blanche Thiblerge, Léa Vallodon, Oanell Audry, Antoine Borfut, Sorha Messaoud, Louise Bittar, Sinslay Dang, Keren Despres, Max Devaux, Iris Erkeslassy, Mathis Jardy, Lina Koreichi, Laurine Ladian—Tassi, Téo Latacz, Romane Maroncais (MONTRÉAL) Julia, Sylvain, Espé, Alexandre, Pascale, Dang, Clarisse, Elisabeth, Monica, Laura, Romane

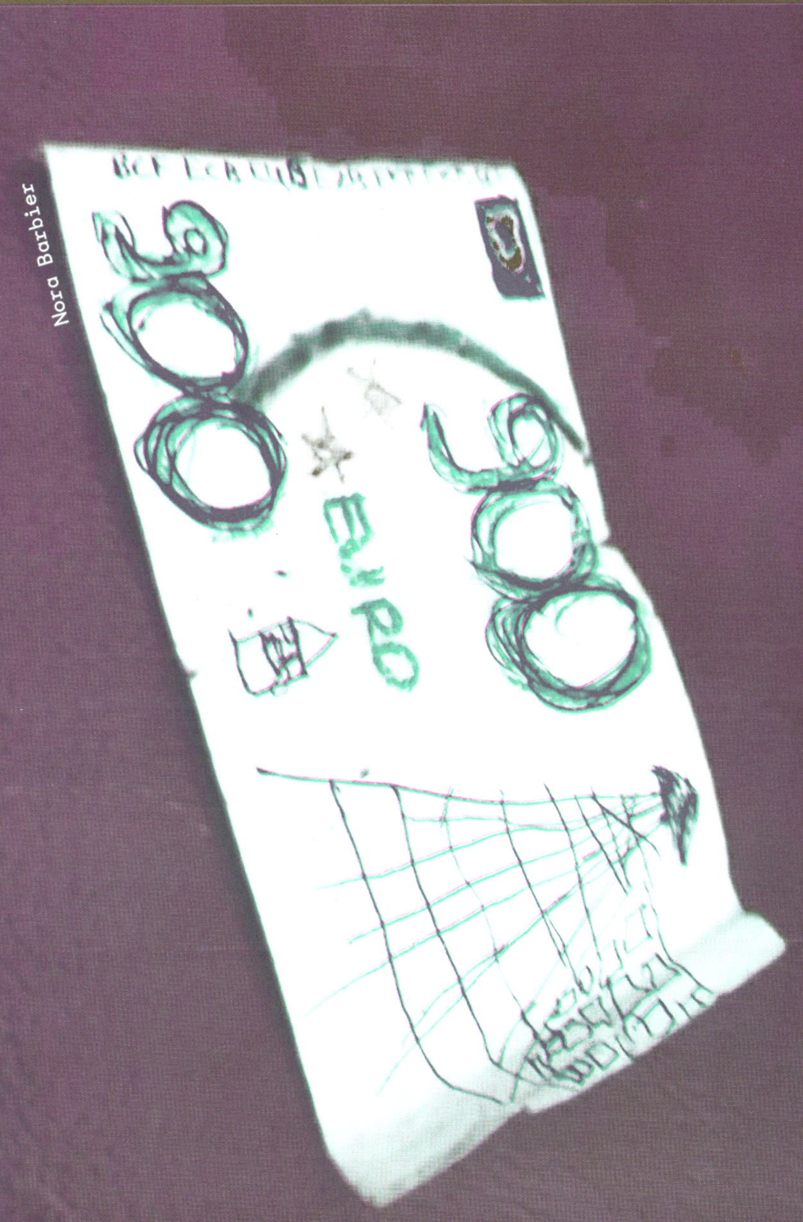

Nora Barbier

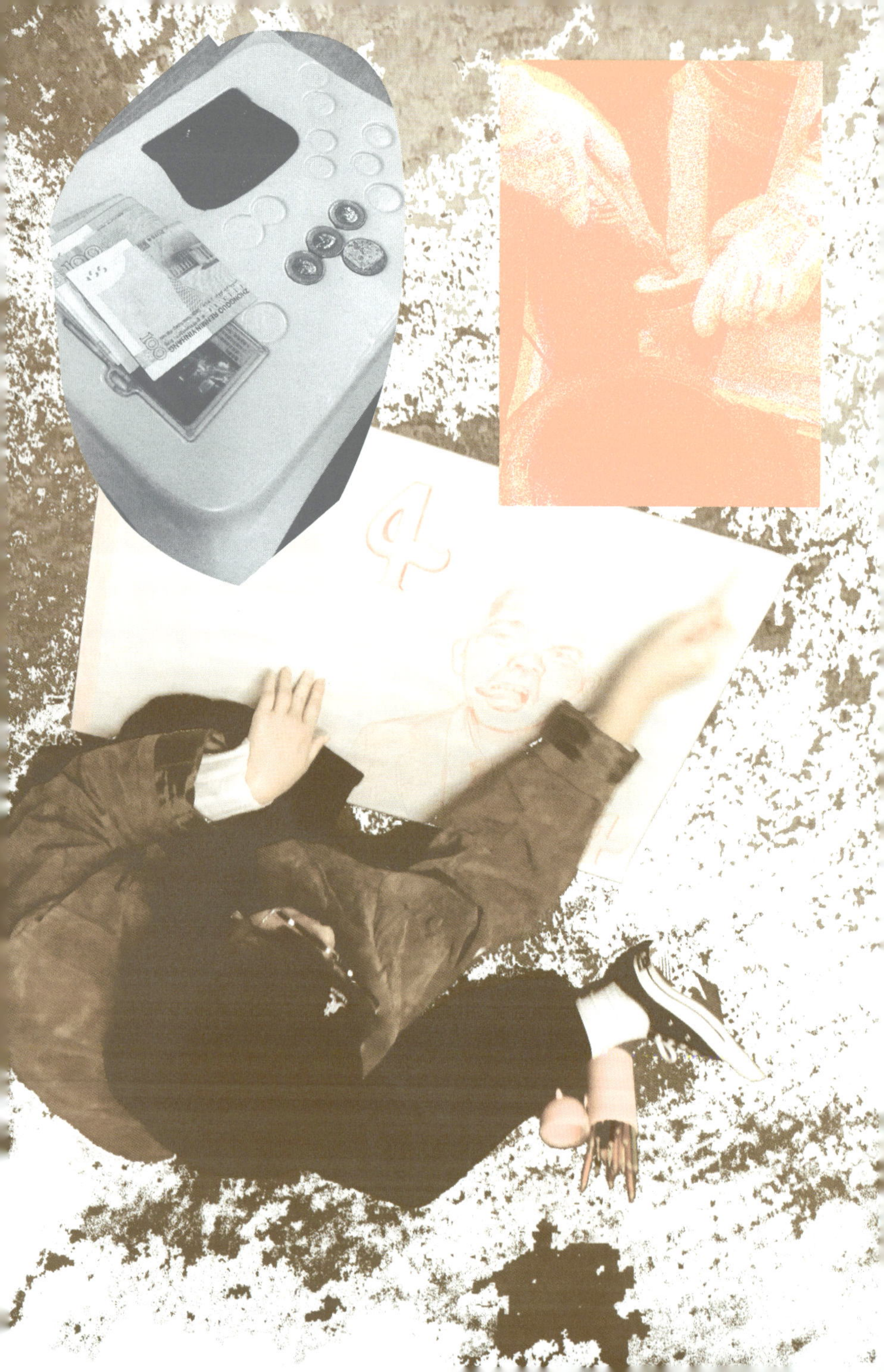

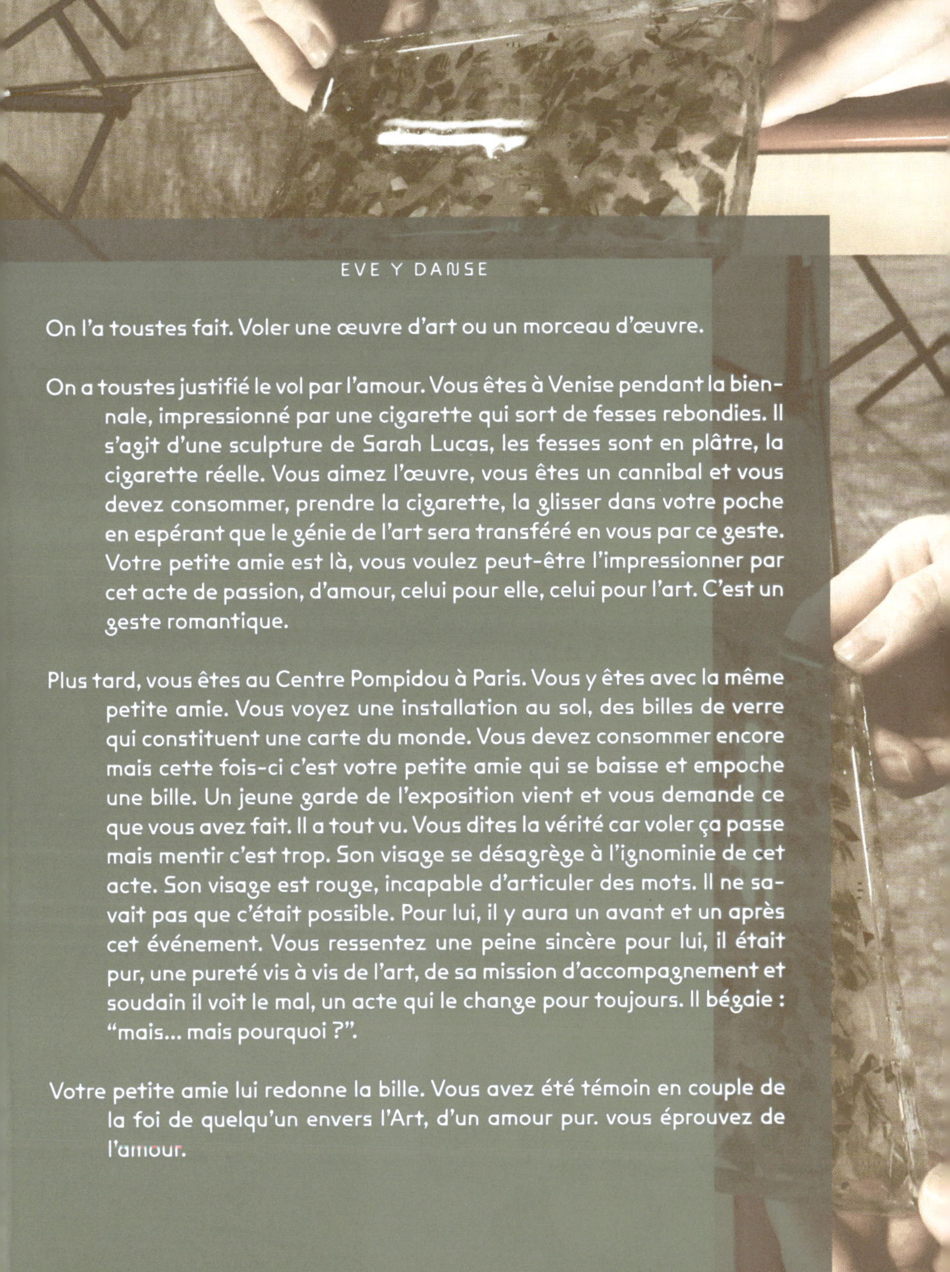

On l'a toustes fait. Voler une œuvre d'art ou un morceau d'œuvre.

On a toustes justifié le vol par l'amour. Vous êtes à Venise pendant la bien-
nale, impressionné par une cigarette qui sort de fesses rebondies. Il
s'agit d'une sculpture de Sarah Lucas, les fesses sont en plâtre, la
cigarette réelle. Vous aimez l'œuvre, vous êtes un cannibal et vous
devez consommer, prendre la cigarette, la glisser dans votre poche
en espérant que le génie de l'art sera transféré en vous par ce geste.
Votre petite amie est là, vous voulez peut-être l'impressionner par
cet acte de passion, d'amour, celui pour elle, celui pour l'art. C'est un
geste romantique.

Plus tard, vous êtes au Centre Pompidou à Paris. Vous y êtes avec la même
petite amie. Vous voyez une installation au sol, des billes de verre
qui constituent une carte du monde. Vous devez consommer encore
mais cette fois-ci c'est votre petite amie qui se baisse et empoche
une bille. Un jeune garde de l'exposition vient et vous demande ce
que vous avez fait. Il a tout vu. Vous dites la vérité car voler ça passe
mais mentir c'est trop. Son visage se désagrège à l'ignominie de cet
acte. Son visage est rouge, incapable d'articuler des mots. Il ne savait pas que c'était possible. Pour lui, il y aura un avant et un après
cet événement. Vous ressentez une peine sincère pour lui, il était
pur, une pureté vis à vis de l'art, de sa mission d'accompagnement et
soudain il voit le mal, un acte qui le change pour toujours. Il bégaie :
"mais... mais pourquoi ?".

Votre petite amie lui redonne la bille. Vous avez été témoin en couple de
la foi de quelqu'un envers l'Art, d'un amour pur. vous éprouvez de
l'amour.

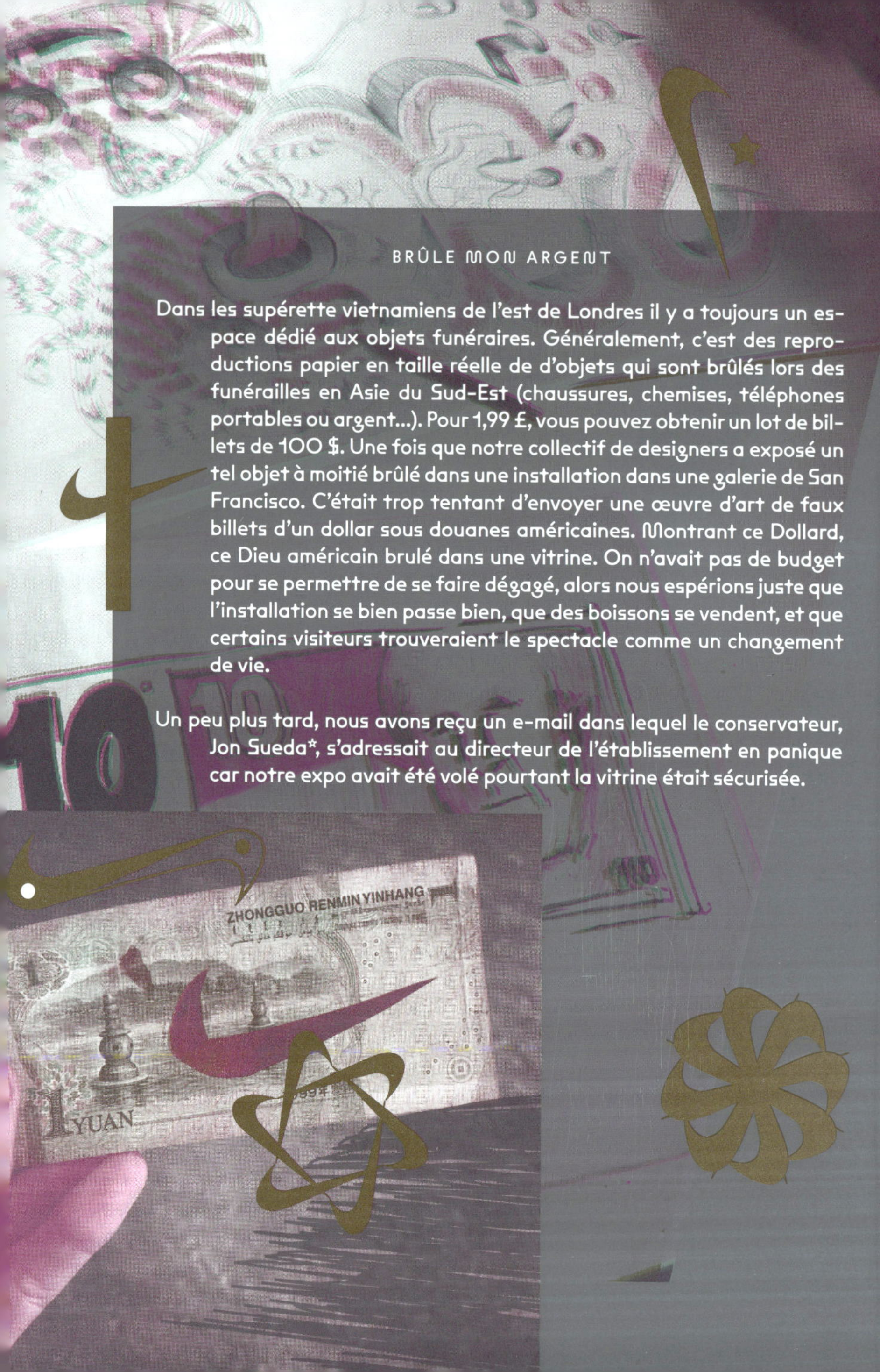

Dans les supérette vietnamiens de l'est de Londres il y a toujours un espace dédié aux objets funéraires. Généralement, c'est des reproductions papier en taille réelle de d'objets qui sont brûlés lors des funérailles en Asie du Sud-Est (chaussures, chemises, téléphones portables ou argent...). Pour 1,99 £, vous pouvez obtenir un lot de billets de 100 $. Une fois que notre collectif de designers a exposé un tel objet à moitié brûlé dans une installation dans une galerie de San Francisco. C'était trop tentant d'envoyer une œuvre d'art de faux billets d'un dollar sous douanes américaines. Montrant ce Dollard, ce Dieu américain brulé dans une vitrine. On n'avait pas de budget pour se permettre de se faire dégagé, alors nous espérions juste que l'installation se bien passe bien, que des boissons se vendent, et que certains visiteurs trouveraient le spectacle comme un changement de vie.

Un peu plus tard, nous avons reçu un e-mail dans lequel le conservateur, Jon Sueda*, s'adressait au directeur de l'établissement en panique car notre expo avait été volé pourtant la vitrine était sécurisée.

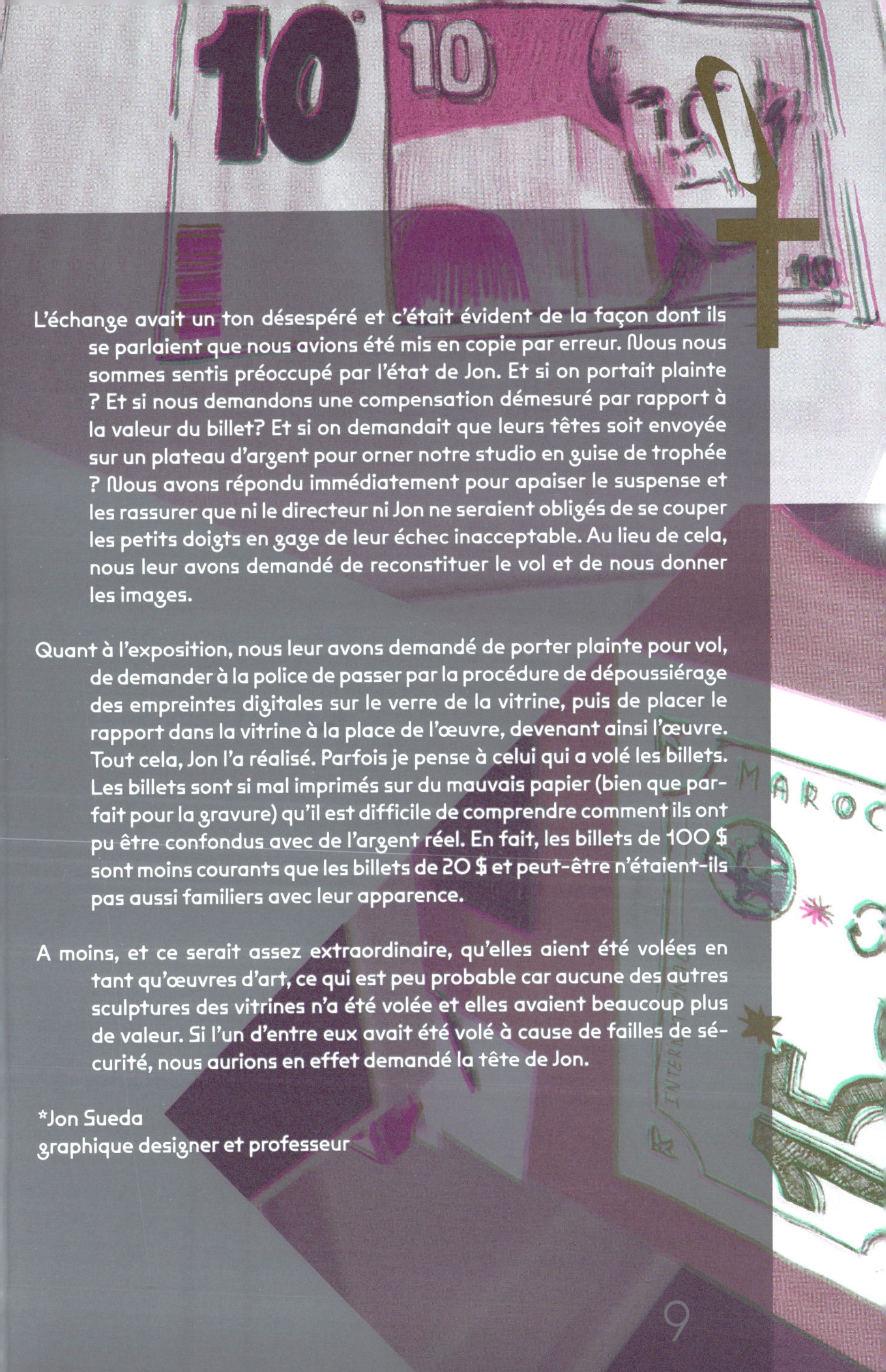

L'échange avait un ton désespéré et c'était évident de la façon dont ils se parlaient que nous avions été mis en copie par erreur. Nous nous sommes sentis préoccupé par l'état de Jon. Et si on portait plainte ? Et si nous demandons une compensation démesuré par rapport à la valeur du billet? Et si on demandait que leurs têtes soit envoyée sur un plateau d'argent pour orner notre studio en guise de trophée ? Nous avons répondu immédiatement pour apaiser le suspense et les rassurer que ni le directeur ni Jon ne seraient obligés de se couper les petits doigts en gage de leur échec inacceptable. Au lieu de cela, nous leur avons demandé de reconstituer le vol et de nous donner les images.

Quant à l'exposition, nous leur avons demandé de porter plainte pour vol, de demander à la police de passer par la procédure de dépoussiérage des empreintes digitales sur le verre de la vitrine, puis de placer le rapport dans la vitrine à la place de l'œuvre, devenant ainsi l'œuvre. Tout cela, Jon l'a réalisé. Parfois je pense à celui qui a volé les billets. Les billets sont si mal imprimés sur du mauvais papier (bien que parfait pour la gravure) qu'il est difficile de comprendre comment ils ont pu être confondus avec de l'argent réel. En fait, les billets de 100 $ sont moins courants que les billets de 20 $ et peut-être n'étaient-ils pas aussi familiers avec leur apparence.

A moins, et ce serait assez extraordinaire, qu'elles aient été volées en tant qu'œuvres d'art, ce qui est peu probable car aucune des autres sculptures des vitrines n'a été volée et elles avaient beaucoup plus de valeur. Si l'un d'entre eux avait été volé à cause de failles de sécurité, nous aurions en effet demandé la tête de Jon.

*Jon Sueda
graphique designer et professeur

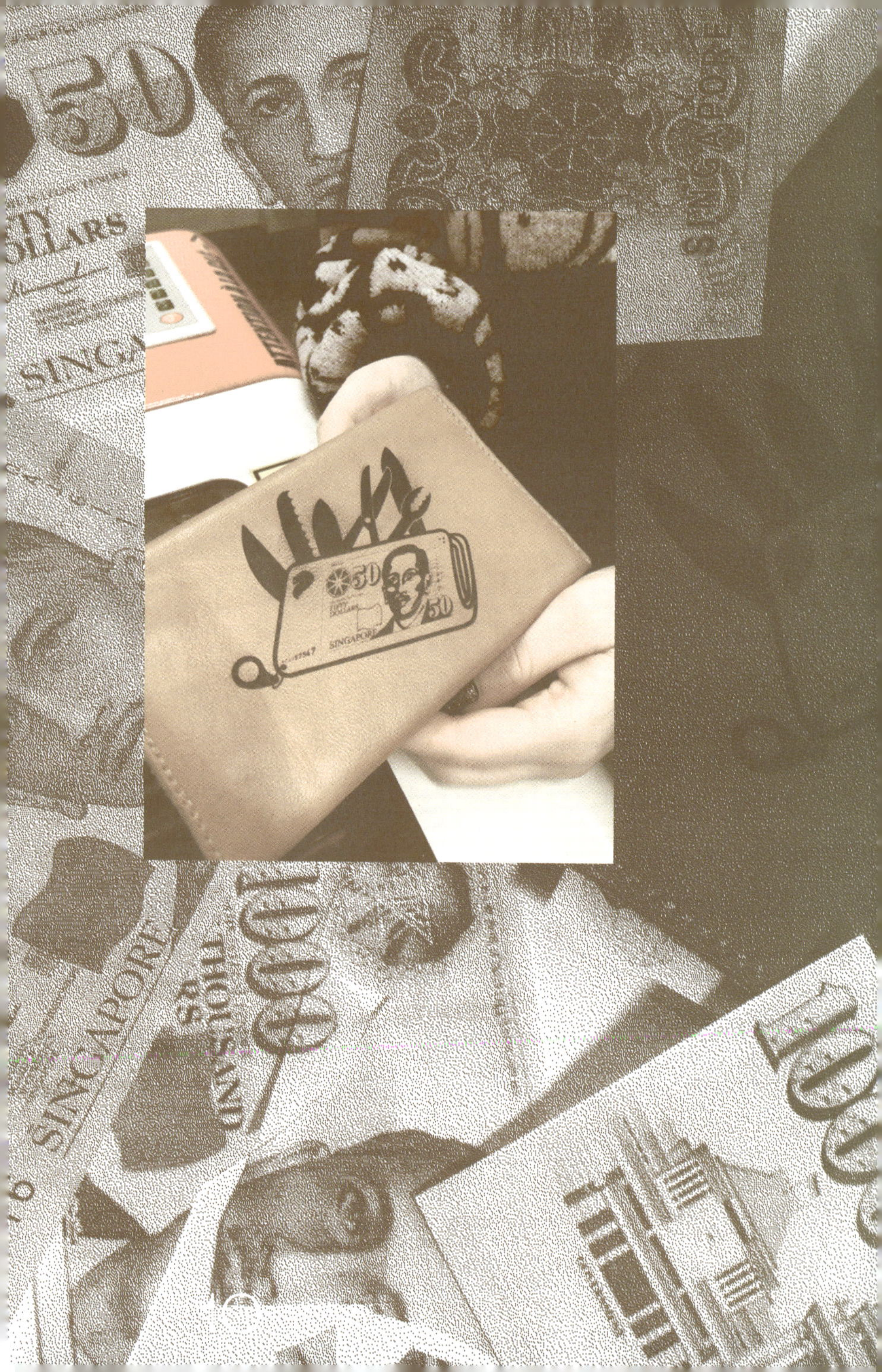

« L'aimeras-tu pour toujours ? »   « Auront-ils une belle fin ? »

Ce sont des questions à poser, mais auxquelles apporter une réponse est trop difficile. « Est-ce qu'un timbre durera à jamais ? » est une autre question que je me suis posé lorsque j'ai remarqué l'absence de valeur sur le timbre français. Depuis, j'ai pu remarquer la même chose dans d'autres pays. Le timbre français s'encre dans une tradition définie par plusieurs caractéristiques telles que le « 20g », qui évoque le poids limite qu'il est autorisé à transporter. La validité du timbre est infinie, je pourrais le garder et le faire passer de génération en génération, et dans un siècle, ils continueront de servir leur fonction : transporter une lettre dans toute la France. Ce minuscule bout de papier imprimé et adhésif est un témoignage de la croyance en la solidité de l'institution et de la nation.

Suis-je censé croire que le système postal durera à jamais ? Mes amis libanais en ont un tout autre avis : l'instabilité politique et institutionnelle de leur pays en est la cause. Dois-je croire que la France aura les mêmes frontières ? Existera-t-elle toujours en tant que nation ? En tout cas, ce timbre en prouve la croyance. Contrairement à sa fonction, le design du timbre change souvent avec la création de nouveaux visages pour Marianne, l'allégorie de la France : une femme de raison et de liberté au seins-nus, une personnification des valeurs de la République, les artistes peuvent lui donner le visage qu'ils souhaitent...

A travers la Marianne, Brigitte Bardot prend le profil que l'Etat souhaite lui attribuer : la femme sensuelle et intellectuelle de l'époque Godard, mais aussi la femme qu'elle est devenue par la suite, l'activiste des droits animaliers ou encore la sympathisante douteuse du parti d'extrême-droite.

Choisis ta Marianne. (Et ses valeurs).

En 2014, les critiques du timbre s'en prennent au nouveau dessin de la Marianne, basé sur Inna Shevchenko, la cheffe des FEMEN, un groupe féministe activiste manifestant contre le patriarcat, seins-nus.

Qui sera la prochaine Marianne ?

Tu as entendu l'histoire, pas exactement celle-ci mais pratiquement la même. C'était un rebelle, un hacker, surtout un génie selon ses amis. Il travaillait avec ce type, tu sais, ce type qui était dans la crypto-monnaie, il y a longtemps, alors que personne ne savait ce que c'était. Cet ami professionnel de l'informatique pouvait voir que quelque chose se passait. Il a investi de l'argent qui n'existait que numériquement. Il savait que c'était le cas, surtout depuis que Nixon avait dissocié le dollar du cours de l'or.

Au pire il perdrait 200 Euros, à peine une fraction de son loyer. Ainsi, il a accepté la poignée de main et un e-mail en guise de contrat. Le reste appartient à l'histoire : il a réussi à conserver les bitcoins, jusqu'à ce que le facteur de multiplication augmente. Ce facteur a augmenté, jusqu'à ce que tout le monde s'y mette. À présent, même votre grand-mère savait ce qu'était un bitcoin : un signe que le temps était écoulé. Ce type n'ayant que faire de ses bitcoins, il a eu le souhait d'offrir à tous ses amis une tournée complète dans un bar, le bitcoin pouvant, pour ce bar, être un moyen de paiement (une innovation me direz vous). Lors du moment de payer, la « TPE bitcoin » ne fonctionnait plus... de ce fait, la tournée a été offerte par le patron !

Lors de l'explosion de la valeur du bitcoin, il a sauté du bateau en perdition pour acheter une maison où il habite aujourd'hui, en plein Paris, alors qu'il n'a pas encore 30 ans.
Tu as entendu l'histoire. Tout ce que je pouvais faire pour m'en souvenir était d'acheter une pièce de monnaie bitcoin sur eBay. La pièce était faite de métal avec un design faisant référence au monde numérique. J'étais heureux de posséder une telle escroquerie : une pièce physique n'ayant de la valeur que sur le net.

Je suis l'opposé de ce type, à qui le bitcoin a tout réussi.

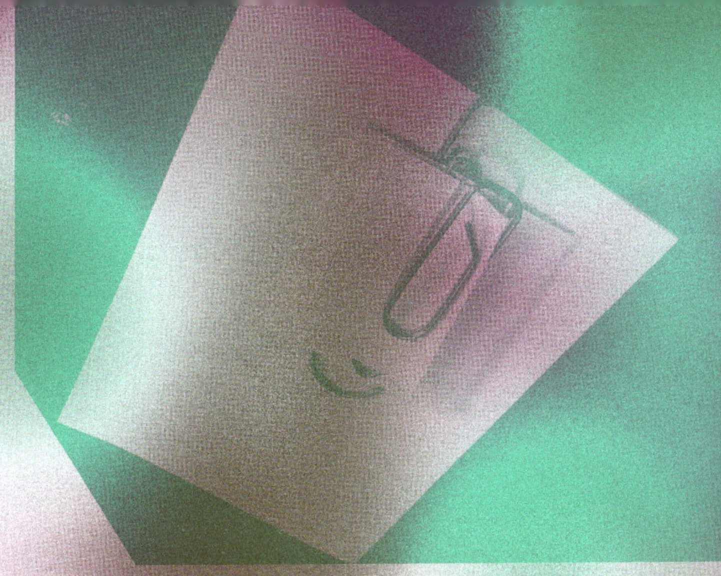

Dans une terre idéale aux yeux des hautes classes,
Un homme sans égal recherchant une place,
Pris un bout de métal pour troquer un palace,
Inspiré par ce gueux le prince avait sur lui,
Peu importe le lieu un trombone à son étui,
Dans l'espoir que pour peu s'étendent ses biens fortuits.

De pauvres années suivit et le noble était loin,
Quand sa tête avec mépris ne charger plus d'un point,
Malgré tous ses ennuis il dût chercher un saint.
Rêvant d'une bonne paye il demandait beaucoup,
Le prince sans conseille aurait pris le bon coup,
Dieu merci sa raison veille, il renonça au coût.

Il demanda l'aide d'un ami oublié,
Mais il tomba raide fut il accompagné,
Se méfiant de la plèbe et leur tours arriéré.
Alors en une éclaire une main baladeuse,
 Prit le trombone clair et la tête orgueilleuse,
Libérant sa paire d'une fin désastreuse.

Aucun mot ne fut échangé mais le téléphone marchait comme neuf.
Qui eut cru que la fortune viendrait d'un homme assimilé à un bœuf.

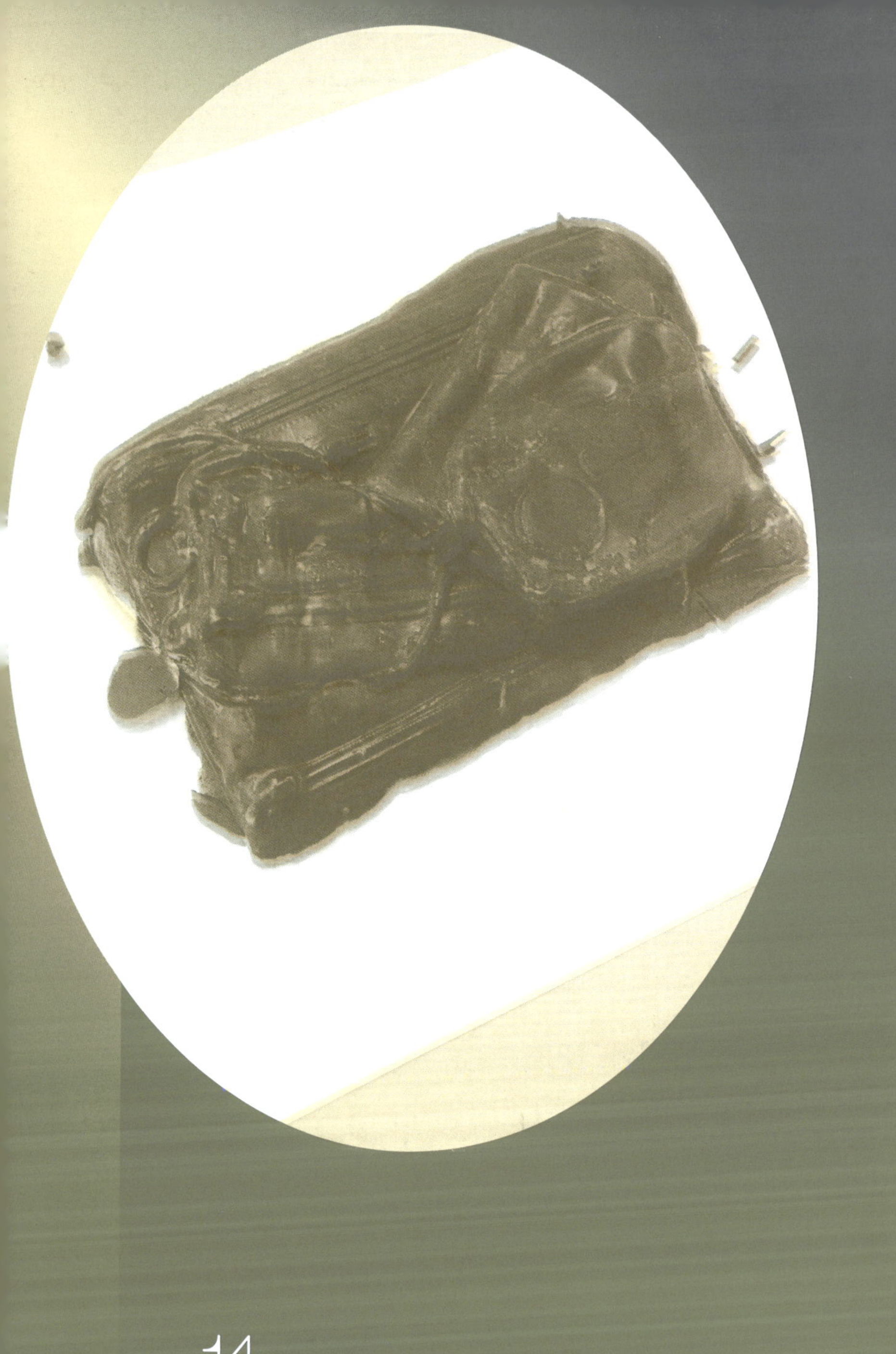

Qu'est ce qui est impossible à prouver par l'intelligente application de l'origami sur un billet de banque ? La plupart des théories du complot ne font qu'avancer et transmettre des informations trouver sur internet ou dans des livres auto-publiés. Je suis souvent impressionné par ceux qui découvrent des choses comme un hibou d'un millimètre de large sur une pièce ou au sommet d'un gratte-ciel. En quoi sont- ils réellement différents d'un artiste observateur. Alors que je récupérais ma fille à l'école un ami parent m'a approché. Il est un père de deux enfants, directeur photographique pour la télévision, le cinéma et des artistes de haut niveau. J'apprécie beaucoup nos conversations et nous continuons d'essayer de travailler ensemble. L'incapacité à créer le budget nécessaire de mon côté a empêché la collaboration mais nous maintenons cette possibilité car je suis également fasciné de voir comment un professionnel gère des choses que l'on bâcle habituellement par manque d'argent.

Un jour, il m'a parlé d'un tournage à bord de bateaux de sauvetage de réfugiés. Son récit de ce sentiment de peur me donne encore la chair de poule et un sentiment d'impuissance face aux catastrophes que certaines personnes trouvent le courage de vivre. Se faire raconter l'histoire en buvant un cappuccino dans une zone que l'on a tous les deux aidés à banaliser fait apparaitre l'épée de la culpabilité au-dessus de nous. Bref, cet ami est venu me voir à l'école, se plaignant du manque de travail et de fil en aiguille, j'ai mentionné ne plus lire le journal et je n'ai qu'un aperçu de l'horreur sur les écrans de télé dans les aéroports, en sourdine mais toujours sous-titré sur CNN car je voyage pas mal. La conversation est soudainement devenue un monologue de sa part sur le contrôle des médias et avant même de pouvoir faire une petite blague il a confirmé que le World Trade Center et l'attaque du 11 novembre était une opération Américaine. J'étais interloqué mais je n'avais pas compris que nous étions dans un monde virtuel de prétexte entre deux amis inventant d'improbable scénarios pour notre propre divertissement ?

J'ai ensuite mentionné l'incendie du Reichstag par Adolph Hitler comme un précédent aux opérations secrètes. Il ne m'a pas tout à fait laissé finir et a continué à décrire ce que je ressentais alors comme sérieux et qu'il y croyait. Bien sûr, ces dernières années ont ébranlé les institutions et les systèmes de croyance, certains pour le mieux, décentralisant la structure du pouvoir occidentale centrée sur les blancs mais être informé sur les conspirations à 8 heures du matin dans une cour d'école était dérangeant. Il n'y a aucun doute qu'il n'en a pas. Je suis rentré chez moi perplexe.

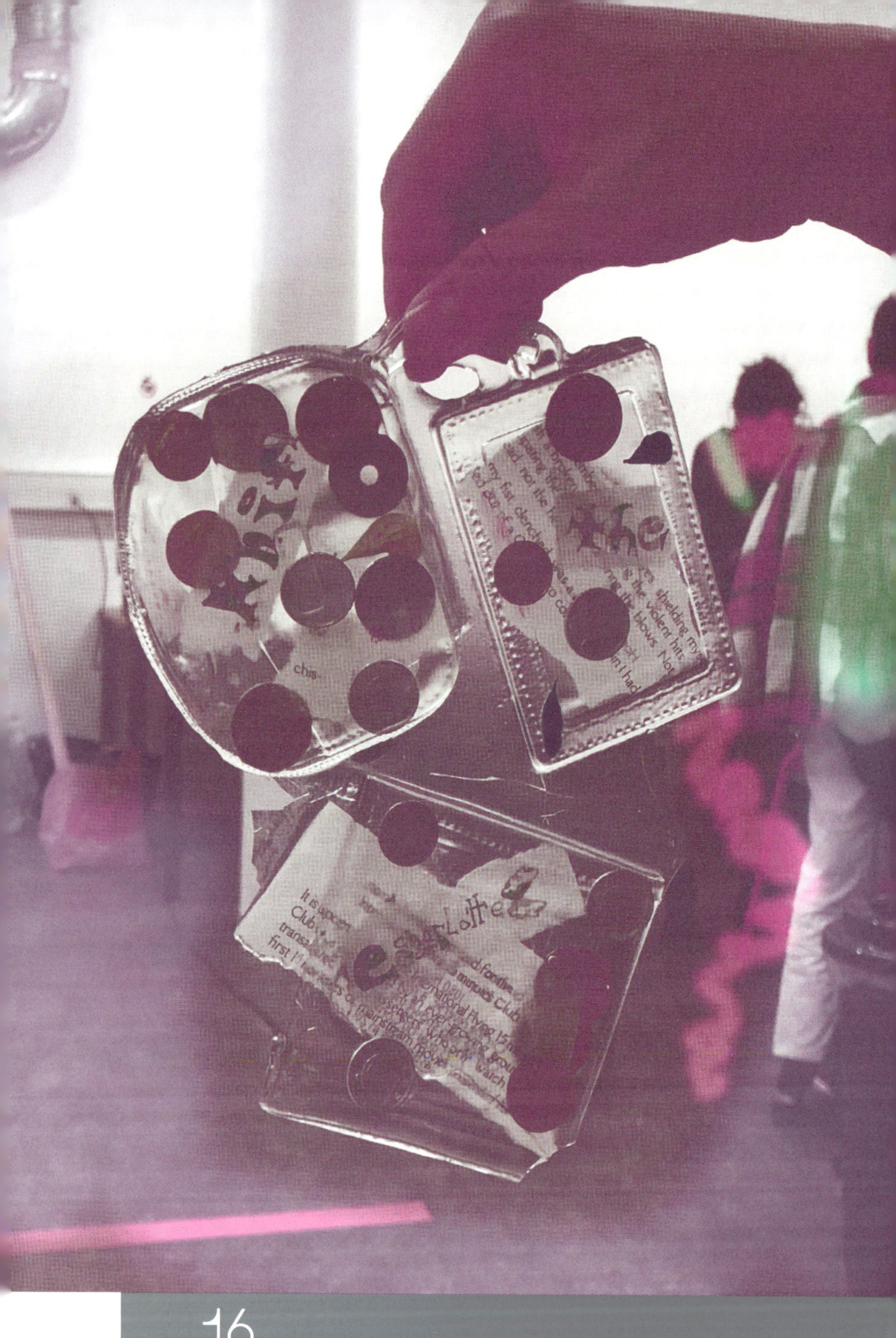

Après avoir passé une longue journée dans une ville inconnue à faire une présentation devant un public chaleureux et curieux, deux amis l'invite à sortir dans un petit restaurant. La soirée ne se passait pas exactement comme prévu mais finalement c'était plutôt chouette. Il passe un bon moment à rigoler et à se poser des questions sur leur vie. Quelques heures après, ses deux amis décident de rentrer chez eux suite à des obligations personnelles. Il crut reconnaitre des connaissances dans le fond du bar mais fut incapable de les rejoindre paralyser par la peur. Il ressentit la solitude au plus profond de son être. Il n'y était que trop habitué, pas par choix. Ce silence contrastait avec la folle journée qu'il avait eu, à avoir des interactions sociales. Il décida de quitter le bar à la recherche d'un restaurant où manger.

Quelques recherches web plus tard, il s'installa dans un restaurant, seul dans cette ville inconnue. Au milieu de son repas, un homme passa devant sa table et y laissa un mystérieux objet. Cet objet était un petit paquet contenant des pièces colorées qui avaient l'air de s'assembler. C'était un puzzle ! Pris de curiosité il décida de l'assembler, ravi d'avoir une opportunité de pimenter sa soirée. Une fois les pièces réunies il fut interloqué par le message "viens dehors". L'agressivité du message le surpris d'autant plus que cela ne collait pas avec les couleurs douces des pièces.
Une multitude de questions assaillit alors son esprit. A commencer par qui était la personne qui venait de lui donner le puzzle ? Voulait-elle le rencontrer ? Si oui quelle était son but et que lui voulait-elle à lui l'inconnue perdu dans cette grande ville.

Une chose était certaine, Il en était sûr, c'était le début de la grande aventure dont il avait tant rêvé !

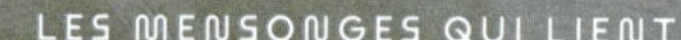

Les billets européens ont été mis en circulation au début du 2Oeme siècle. Ça signifie que l'union européen et une union économique et financière. En Europe avec la même monnaie on peut acheter différentes choses. C'est rare de voir un billet de 5OO euros, c'est l'équivalant de 5OO baguettes pour un français, 5OO espressos pour un italien et 1OO bières pour un tchèque ou 1OO bretzels pour un allemand. La valeur monétaire n'est pas la même que la valeur sentimentale. Tout devient rapidement cher, un système monétaire unique pour tous les pays. Le design est coloré. Chaque détail montre un côté une porte et de l'autre côté un pont. C'est évidemment une métaphore de la construction d'un grand état. « oui, ouvre la porte est vient, traverse le pont et rejoint nous »

La réunion de design a dû être fun, parce qu'il fallait choisir des monuments architecturaux qui évoquent une porte et un pont qui ne représente rien d'existant. Tu ne peux pas reconnaitre l'aqueduc de Ségovie d'Espagne ou le pont en métal de Riga parce que l'Union Européenne ne voulait pas créer de conflit entre les 19 pays.

Ca prend son sens car tu ne voudrais pas que ton billet soit source de conflit entre les gens. Personne ne veut revenir à ce qu'était avant la tour de Babel. Selon la Bible, les hommes de Babylone ne parlaient auparavant qu'une seule langue et ne formaient qu'un seul peuple. Un jour leur vint à l'idée de construire une tour qui atteindrait les cieux par sa hauteur, et leur permettrait ainsi d'accéder directement au Paradis. C'est surprenant de voir qui a fallu trouver une décision entre toutes les belles œuvres architecturales et de demander à un illustrateur de créer quelque chose de représentatif mais d'unique.

On aurait pu choisir entre un animal ou une plante, mais ça aurait provoquer des débats d'anthropocène sur la provenance d'une fleur qui est plutôt néerlandaise ou italienne. Puisqu'il est étrangement coutumier de représenter des personnages sur des billets de banque, on ne peut que rêver d'une grande réunion pour décider quel buste, parmi la riche et longue histoire de 19 pays différents, devrait or

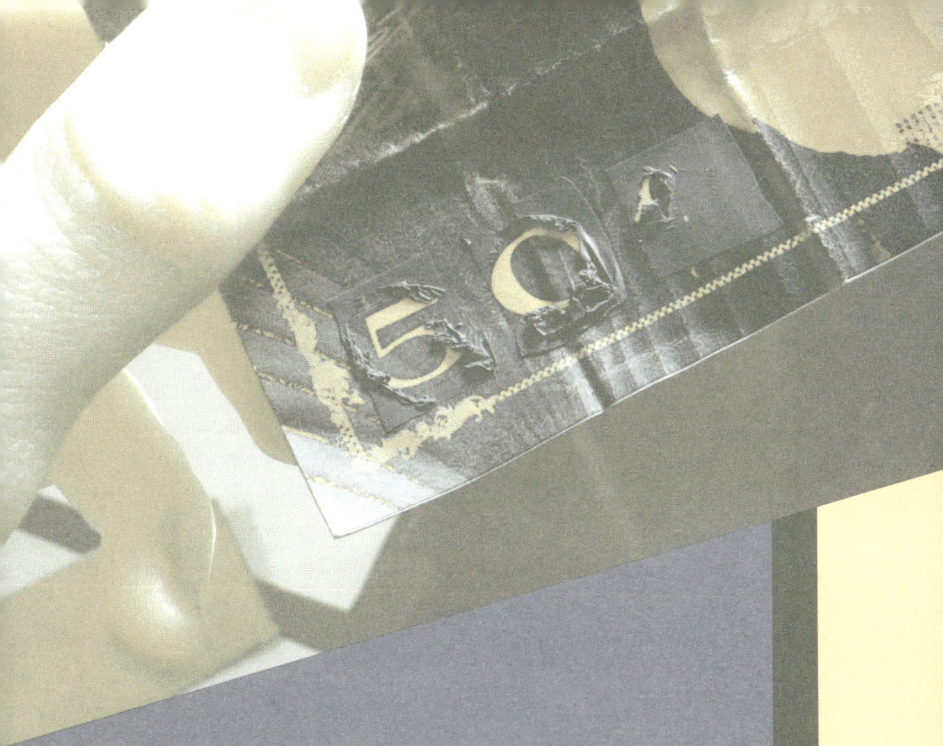

ner les billets. Peut-être devraient-ils aussi être une composition entre plusieurs personnalité publique ? Par exemple, quelqu'un entre Charlotte Perriand, Rainer Werner Fassbinder, Copernicus et Amàlia Rodrigues.

Un autre groupe de personne serait l'Européen parfait, combinant tous les stéréotypes, genres, histoire d'immigration, passées, présentes et futures, être humain merveilleux avec toutes les qualités intellectuelles et physiques, la personne ultime, pleine de compassion mais avec ses défauts et ses fragilités. Je suppose que personne ne pourrait être sur tous les prix sous différents angles et âges. 5 euros montrerait sa petite tête sortant de sa maman et les 500 euros le moment exact et précis de sa mort. La personne ne pourrait pas représenter les différentes valeurs du billet avec seulement un buste.

Texte réinterprété du point de vue du billet :

Personne ne se doutait de la tragédie qui nous frappa ce jour-là, le 10 octobre 2010. On aurait pu avoir un futur glorieux, plein de possibilités s'offraient à nous, les billets de 1$, mais c'est ici qu'on a fini : accrochés à un mur blanc, percés en plein coeur par de vulgaires punaises. Condamnés par cette ordure de Feldmann, méticuleusement rangés les uns à côtés des autres, nous attendions la nuit le moindre courant d'air, le bruit d'une mouche qui vole, le passage du gardien de nuit était tout ce que l'on pouvait espérer attendre de ce quotidien insipide. Les insomnies commençant petit à petit à me ronger, je perdais la notiondu temps.

Le jour, les passants nous regardaient comme des animaux en cage. C'était déjà mieux que la nuit.

Le 12 octobre 2010, j'apercevais cette punaise, tel un porte-manteau sans manteau : l'un d'entre nous avait disparu. Dès lors, une multitude de questions nous vinrent en tête. « tu penses qu'il a sauté ? .... »

Il arrivait que nous déplorions de nouvelles disparitions. C'était un rare phénomène dont peu d'entre nous en étaient les chanceux. Nul ne savait où ils s'étaient retrouvés, mais une chose était sûre : nous les envions jusqu'à nous en mordre les dents.

Alors que je regardais les passants comme les figurants de la vie monotone que je menais, pour la première fois, les yeux de l'un d'entre eux se posaient sur moi.

Il m'arracha du mur, laissant derrière moi mes frères, mes doutes et une partie de ma personne. Très vite, j'ai compris que c'était mon tour, que j'allais enfin trouver la réponse à toutes mes questions.

Aujourd'hui, 26 août 2022, rien n'a changé, je ne vais pas mieux. Je vous épargne les difficultés que j'ai endurées pendant ces 12 longues années. Me voilà figé pour toujours à la page n°12 d'un livre dont je ne peux même pas vous conter l'histoire.

Texte original, traduit littéralement :

Hans-Peter Feldmann est un artiste allemand. En 2010 il a gagné le prestigieux prix Hugo Boss pour les artistes contemporains. La récompense est 100 000 dollars et une exposition au Guggenheim à New-York, qui vient de pair avec son propre budget de production, bien sûr.

Feldman a décidé de lier les deux parties de la récompense en utilisant l'argent gagné comme matériau brut de l'exposition.

Si un billet de 1 dollars mesure 156.1 × 66.1 mm, une surface de 10349,43 mm2, alors 100 000 d'entre ces billets son t assez pour recouvrir la galerie dans laquelle Feldman à été invité pour exposer.

C'était drôle et intelligent, et, en théorie, l'oeuvre d'art reviendrait à de la monnaie courante à la fin de l'exposition.

Il y avait 100 000 dollars au début, puis une grosse exposition, puis 100 000 dollars à la fin – moins toutes les billets volées par les visiteurs malicieux.

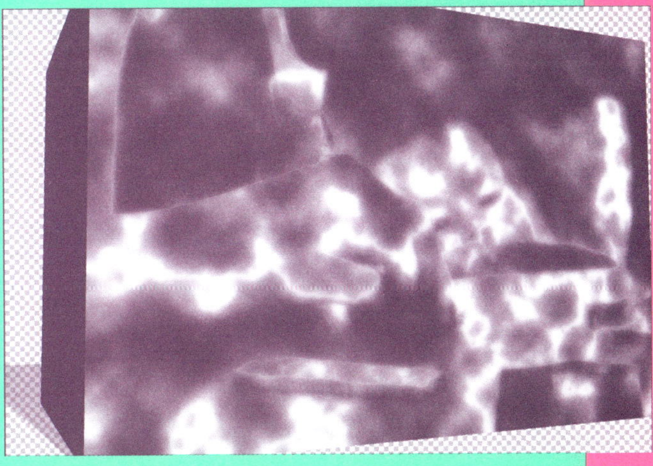

En octobre 2002, j'étais à Tokyo pour un travail organisé par le British Council, qui m'a fait voyagé en classe affaires dans le siège le plus confortable de ma vie. Pour la première fois et, à ce jour, la dernière, j'ai partagé le peu que la plupart des gens ne font pas lorsqu'ils entrent dans un avion et sont invités à aller à gauche et non à droite après que l'hôtesse ait vérifié la carte d'embarquement.

Pour être juste, les sourires et les attitudes sont similaires mais l'attention est différente. En économie, vous demandez quelque chose, tandis qu'ici, en affaires, le personnel plane discrètement, s'assurant que vous ne le remarquez pas pendant qu'il sert du champagne comme par messagerie télépathique. L'espace est différent aussi : un service de literie entier pour passer votre vol allongé, une mini chambre à partir de laquelle vous pouvez commander tout ce que vous voudriez, vous sentir de moins en moins coupable d'avoir droit, comprendre les mécanismes du luxe vous aveuglant dans la justification que rien de moins que cela serait intolérable et que celui qui l'accepte serait sûrement assez fou pour aimer et être satisfait de la situation.

Le chauffeur de la limousine qui attendait à l'aéroport avec mon nom correctement épelé sur une carte m'a fait me sentir gêné par les vieilles baskets que je portais mais je sentais bon grace à la douche que j'avais pris dans l'avion et j'ai légèrement rougi quand je lui ai dit 'C'est moi!' Il était très doué pour cacher sa surprise qu'un plouc serait le VIP qu'il devrait conduire mais a probablement décidé que cela ne valait pas la peine de demander une pièce d'identité. La route vers le centre de Tokyo, même si elle n'a jamais été si compliquée que ce soit en train luxueux ou en bus confortables, était totalement différente de l'habituelle et encore une fois, la peur de m'habituer au principal problème du monde m'a empêché de m'étendre sur le siège en cuir vulgaire. Le chauffeur m'emmenait à l'hôtel Hyatt et voyant l'immense chambre qui m'avait été accordée, j'ai commencé à me demander pourquoi une organisation gouvernementale comme le British Council me traiterait comme des rois quand il m'est venu à l'esprit que leur appel était en retard et que je avait entendu dire que certains designers annuleraient leur engagement et qu'il faudrait trouver un remplaçant rapide. Si cela se produit à la fin de l'année d'imposition, l'organisation devra dépenser de l'argent rapidement pour éviter d'être pénalisée pour ne pas avoir dépensé l'argent à temps et recevoir moins l'année suivante. Vrai ou faux, il reste que je passerais une semaine entière dans un quartier de Tokyo que je connaissais à peine à l'intérieur et à l'extérieur de l'hôtel avec un bar restaurant génial au 52ème étage avec une vue durablement unique sur Tokyo. Encore une fois,

voir des gens ressemblant à des fourmis là-bas en buvant un cocktail fait sûrement partie du plan pour justifier l'existence de l'élite à eux-mêmes. J'ai certainement ressenti le pouvoir de donner un pourboire généreux car c'était à peu près les seules dépenses que j'avais pour séjourner dans la vie des autres riches. Le dernier jour, en allant dans ma chambre, j'ai croisé une personne et mes papiers, ainsi que son sac à dos, ont volé dans le couloir. C'était une femme blonde américaine dans la vingtaine qui m'a aidé à rassembler mes affaires, puis nous avons tous deux présenté des excuses en nous inclinant comme les Japonais que nous ne sommes pas et nous nous sommes séparés. En partant, j'ai remarqué un morceau de plastique sur le tapis et je l'ai ramassé en reconnaissant ma clé magnétique pour ma chambre. Lorsque je suis arrivé à ma porte, la clé ne fonctionnait pas et je me suis souvenu de l'avoir mise dans mon portefeuille, alors comment a-t-elle réussi à être par terre là-bas lorsque je suis tombé sur cette personne? J'ai réalisé que j'avais la carte de cette jeune femme. Les clés étaient des cartes vierges pour la discrétion, sans étiquette. Dans un acte que je ne peux pas vraiment expliquer J'ai gardé la carte.

Presque exactement un an plus tard, je revoyais la jeune femme mais au cinéma. Elle était l'actrice principale de Lost in Translation de Sofia Coppola et sa clé d'hôtel était dans mon portefeuille.

Cette carte de fidélité offre un café gratuit après 9 achats. Tu peux très bien venir avec 10 personnes et recevoir immédiatement ton café gratuit ou y aller tous les jours, seul, pour timbrer 9 fois ta carte avant de l'échanger contre ton café. Cette carte spécifique a 10 points à timbrer. Je suis un buveur de café mais malheureusement je suis incapable de suivre ce programme de fidélité, ou de chaine de fidélité d'une entreprise, à cause d'un schéma qui ne suit aucun ordre. En plus de cela, il m'arrive soudainement de changer d'avis en buvant du thé ou de l'eau chaude pendant un certain temps. Sans parler du dégout à être le client de grosses entreprises de café en dépit d'avoir admis la défaite que le café était affreux en Amérique avant Starbucks.

Cette carte est plus un souvenir de L'Homme qui voulait se souvenir, le premier roman de Tom McCarthy, dont le héros prends des cafés vers la fin de l'histoire dans un aéroport. Apres en avoir acheté 9, il ne boit que le 10e offert ce qui est très étrange. Cette carte de fidélité est mon billet physique pour le monde fictif du roman de McCarthy. Même si je dois avouer que son action mystérieuse ait eu un sens apothéotique pour le livre, je suis incapable de me souvenir pourquoi cela m'a incité a créer un vrai objet à partir d'un monde fictif. Ce qui n'est que juste étant donné que le personnage principal a un problème de mémoire et comme la plupart d'entre nous cela va dans une quête pour se trouver soit meme.

Tenir la carte me permet de traverser un chemin de quête d'identité. À travers celui ci, mes souvenirs et mes gouts réapparaissent et me permettent de redécouvrir ma personne. Pour creuser ma reflexion, j'ai établi un contraste entre la réalité et la fiction. Ainsi, je me suis rappelé ayant été un adolescent fan de bande dessiné et fan de The Watchmen d'Alan Moore, que j'avais répliqué partir de l'histoire une fausse photographie de taille réelle que je pouvais tenir. Ensuite, c'était difficile de le rendre rationnel seulement mon envie d'y croire était assez forte pour continuer. En tant qu'adulte, je continue mais j'appelle ça du travail.

Le père se tient dans un couloir souterrain sentant les effluves corporels des banlieusards utilisant le métro pour aller et venir à des boulots quelque peu significatifs – en gros avec argent et week-ends à la clé. À côté du père se trouve sa fille, son visage à proximité des fesses des passagers, les origines des restes odorants du vent fait par l'homme donnant des informations olfactives non sollicitées de l'intérieur des étrangers. La fille est encore assez jeune pour avoir un point de vue objectif sur les odeurs autour d'elles et n'a pas décidé si ça pue réellement. La fille se demande pourquoi l'adulte tout-puissant à côté d'elle – la meilleure personne et son humain préféré, à l'exception de sa mère qui est exactement à la même hauteur que lui – montre des signes d'anxiété qu'elle reconnaît à peine. Le père a travaillé toute sa vie pour se libérer des contraintes de l'obligation. Par-là, il veut dire avoir le choix de dire non. Non, il n'obéira pas à un Dieu. Non, il n'a pas besoin d'un boulot qu'il n'aime pas. Non, il peut s'éloigner des conversations ennuyeuses. Non, il n'ira pas en guerre pour un gouvernement pour lequel il ne votera pas et qui ne votera certainement pas contre, tel qu'il est façonné. Non, il ne sera pas obligé d'être physiquement contraint à cette prison odorante.

Au final respecter la loi, la triste réalité de la liberté en quelque sorte. Le père est vieux mais il se sent jeune. Il regarda sa fille et sourit dans un rictus défigurant comme si tout était une simple erreur et qu'ils allaient bientôt reprendre leur voyage. Les contrôleurs ont stoppé le père et sa fille. Ils leur ont demandé de rester contre le mur tandis qu'ils arrêtaient d'autres personnes qui rejoignirent le mouvement. Quelques protestations, certains essayent de passer le barrage humain mais les hommes en uniformes sont préparés et similaires à une équipe de rugby qui posséderait toute sorte de carrures pour chaque situation. Les grands musclés, faisant une tête de plus que celui tenant la petite machine à imprimer, sont un véritable mur. Les personnes debout savent pourquoi il est plus judicieux d'obéir que d'avoir un comportement irrespectueux en voyageant sans titre de transport dans le métro parisien qui coûtent des millions aux honnêtes gens. Le père réfléchit à la vitesse de l'éclair. Il a un ticket valide. Dans son portefeuille, il a trois tickets moitié prix pour enfants et sept pleins tarifs. Seulement le sien a été contrôlé parce que les tarifs réduits étaient démagnétisés. Sans ajouter qu'en plus en Angleterre les enfants peuvent voyager gratuitement, il pourrait utiliser un certain accent anglais pour montrer qu'il ne connaît pas bien le système de cette magnifique Ville des Lumières où il a amené sa fille pour la première fois. Il sait malgré tout que sa fille le contredira et elle aura raison de trouver son accent amusant et dira au contrôleur combien de fois elle a pu venir à Paris. Cependant, si les intentions sont différentes du contexte les hommes en uniformes restent des hommes et pourront peut-être croire à son histoire que en effet il possède trois tickets qui ne fonctionnent pas et que l'entrée par laquelle il était passé n'était pas gardé à cause de son automatisation et sérieusement où va-t-on si les robots commencent à remplacer les humains ?

Heureusement, toi et moi avons encore des travails où les intelligences artificielles ne peuvent pas nous remplacer. Oui il aurait pu acheter un autre ticket à l'automate ou même utiliser un de ses tickets pleins tarifs mais monsieur l'agent, comme tout le monde ici, nous essayons d'aller d'un point A à un point B par ce fantastique moyen de transport, un miracle d'efficience qui, admettons-le, est là pour que personne ne passe autant de temps dans les couloirs, les quais ou même les trains et soit plutôt entrain de visiter les musées ou de rentrer rapidement à la maison dans les bras de sa famille adorée. Le père va négocier avec des arguments infaillibles et amicaux. Il est assez vieux pour savoir qu'il vaudrait mieux que ce soit dit de manière calme et souriante. Il a identifié le chef des opérations. Elle est jeune, une africaine, probablement de trois ou quatre générations, et contrairement à ses collègues, plutôt agréable à regarder. Le père fit machine arrière sur ses dernières pensées et fut content que personne ne les ait entendues. Il balaya ses idées préconçues que les jeunes sont plus tolérants, moins conservateurs, plus humains, capables d'écouter des histoires. Son cœur se serre en voyant à quel point il est stupide, en pensant au contraste entre elle pour une fois haut gradée et le patron d'une équipe par ailleurs très masculine et blanche et lui quelqu'un qui s'appelait surtout Jackie Chan dans n'importe quelle rue. Elle sait sûrement au premier coup d'œil que le père, bien qu'étant né en France, comme elle, était à l'école le chinois de sa classe, ne fréquentant que les Arabes et les Portugais. Bien qu'Alexis, tout en étant portugais, était déjà à l'âge de 6 ans le plus beau de l'école, permettant aux pensées racistes inhérentes à tous les autres enfants de se retirer et lui permettant le statut divin dont il jouit probablement encore (Alexis, qu'es-tu devenu ?). Et pour ajouter de la honte à l'injure, il flirte même avec l'idée d'utiliser la gentillesse de sa fille pour sortir de cette situation de garde à vue forcée. Toujours au milieu des effluves corporelles environnantes, la fille a regardé son père tout le temps et a tout deviné. Elle le serre dans ses bras comme pour dire, eh bien, nous sommes coupables ou plutôt tu l'es alors sois courageux et sois le père dont j'ai besoin.

Posé dans le plumard, matant le vétéran Myspace, nan, le vieux Facebook, euh nan, les flux
d'Insta plutôt, vérifiant les notifs, un point rouge sur les applis qui indiquent que le monde continu et en plus ça vous montre vraiment que c'est le cas genre. Rattrapez vous et vite ! La sœur de l'aïeule qui était située aux abords du cellulaire fixe, reluquant que le combiné fut inerte, dans l'éventualité de l'apparition d'une activité. Les gens appelaient mais c'était occupé, ducoup ils entendaient la tonalité d'occupation pendant qu'elle n'entendait même pas l'appel. Une big erreur de communication. Mais c'est ce que veut le réseau. Musarder aux alentours du cellulaire, afin de s'appréter à accueillir un appel.

Le tel est petit, léger et blindé de technologies, encore plus blindé que toutes les machines qui ont emmené les hommes sur la lune et qui les ont ramené sur terre vivant. une dinguerie. Le téléphone est tellement multitâche et polyvalent comme objet qu'on va bientôt oublier pourquoi il s'appelle téléphone. Semblable à l'icone de l'appareil photo sur les voies, divulguant que celui ci fût conçu à l'époque des Hasselblads et des appareils japonais de moyens formats, bientôt évincés par le portail compressé. Sa progéniture n'est pas plus vénarde. Il a hérité de l'anxiété et de l'insécurité de ce monde. Il ne sait pas où est sa place dedans, genre comment il devrait être et tout. H24 à attendre un appel ou une notif comme l'encouragement de ses potes, le clin d'œil de sa crush ou n'importe quoi d'autre.

Sa main droite a l'habitude de tapoter sa poche de jean. Dans un premier temps à droite pour voir si le portefeuille s'y trouve puis à gauche pour le téléphone cette fois ci. D'ailleurs il y est, et ça le rassure. Et il doit faire tout ça parce que sa cuisse gauche picote, elle vibre même. Mais l'année dernière elle a commencé à vibrer même quand le téléphone n'était pas dans la poche. Vous avez un nouveau message disait-elle. C'était devenu une habitude, une nécessité d'avoir ce téléphone dans la poche. Tel un prolongement du corps lorsqu'il a

cette sensation de manque. Il était temps de trouver une thérapie
à cela, la voici : Laisser dans sa poche un cellulaire portatif en céra-
mique de la forme d'un iPhone 6.

UN BILLET DE 10 CHF METTANT EN VEDETTE LE CORBUSIER

Dites ce que vous voulez sur le modernisme, il est autant vénéré que in-
sulté, et très souvent par les mêmes personnes. Face à cette repré-
sentation des portraits sur les billets, Le Corbusier est dépeint dans
une position moins statuesque que la pose conquérante habituelle.
Il est représenté au moment de relever ses lunettes sur son front. Ce
geste semble habituel chez lui, et poursuit sa démarche décontrac-
tée. Vous vous souvenez peut-être de ce look sur une personne âgée
généralement chic qui tire ses lunettes pour vous regarder ou plutôt
votre t-shirt et votre jupe death metal qu'ils jugent trop court. C'est
celui qui dit « tssk », oui, le billet vient avec un son de déception et
me donne l'impression d'avoir à nouveau 13 ans.

Je l'ai acheté pour 2€ à un distributeur au Musée Océanographique de Monaco, un monde marin rempli d'expériences, d'expositions et d'aquariums, pour le plaisir
d'expérimenter un paradoxe : insérer deux pièces de métal afin d'obtenir un bout de papier sans aucune valeur monétaire. Évidemment, tant que des personnes continueront d'en acheter, on continuera d'en produire.

J'ai apprécié cette découverte qui s'est déroulée à la fin de cette journée chaleureuse après une fructueuse réunion dans cet endroit unique qu'est Monaco. Ce billet n'est pas réellement falsifié car il est autorisé par la banque centrale européenne et, est produit de la même manière que les billets de banques, en utilisant le même papier et les mêmes éléments de sécurité d'impression. D'une certaine façon, c'est un vol organisé par la banque en étant son propre complice. Cela voudrait dire que le banque produirait des billets souvenirs pour faire plus d'argent. Après avoir eu l'expérience d'acheter de l'argent avec de l'argent et perdre 100% de la valeur, je me suis demandé ce que je pourrais en faire, mis à part l'ajouter à mon livre "The Knife". Ma première réaction a été de savourer l'idée de discuter de cet objet avec ma fille qui me posera des questions auxquelles je ne pourrai pas répondre. La même journée je suis allé à une soirée étudiante dans une ville voisine et j'ai réalisé que je n'avais pas d'espèces sur moi au bar. Ils ne voudront sûrement pas accepter du plastic donc j'ai sorti le billet de 0€ dans l'espoir que quelque chose se passe. La barman, une jeune étudiante en première année d'école d'art, l'a regardé et a bien rigolé. Elle était tellement joyeuse qu'elle a rangé la note dans sa poche et m'a dit que grâce à ça je pourrais boire gratuitement toute la soirée, ce que j'ai fait et ce qui m'a valu le lendemain au réveil une sacrée gueule de bois.

De son côté, la serveuse se réveilla fatiguée de la veille. Ne sachant pas quoi s'acheter pour le déjeuner, elle décide de recompter les pourboires qu'elle a gagné hier. En vidant ses poches elle tombe alors s ce fameux billet ne possédant aucune valeur monétaire mais mieux, une valeur sentimentale.

Ce billet lui rappelle la bonne soirée d'hier et sa rencontre avec cet artiste. La serveuse se décide alors de le ranger soigneusement dans son porte-feuille, ne sachant pas à quoi il lui servira. Quelques heures après, en arrivant à son école, la jeune étudiante se rencontre que son porte-feuille n'est plus dans son sac. D'un coup elle se souvint que c'est en sortant du métro que son portefeuille est malencontreusement tombé au sol. C'est n'est que plus tard, une fois remis d'aplomb, en me dirigeant dans une station de métro que je tombe soudainement nez à nez avec ce même porte-feuille. Je le ramasse alors afin de retrouver son propriétaire et je tombe par hasard sur le billet de 0€ de la serveuse, à ce moment là de nombreux souvenirs de la soirée me reviennent à l'esprit. En cherchant davantage je trouve ses coordonnées et s'en suit un appel pour lui remettre son porte-feuille. Une fois retrouvée elle me mit au courant de sa mésaventure, pour me remercier elle me retourna mon billet de 0€ en tant que récompense. Voici une nouvelle histoire à conter au Musée du Porte-feuille.

Ce qui provoque des incompréhensions sont les différences culturelles liées à l'éthique. Ce qui amène à comparer cela à l'indignation éprouvée par un croyant pieux ou un enfant face à la prise de drogue d'un individu. Ainsi, on constate que l'on peut rire et parler de tout mais pas avec n'importe qui.

La carte nécro de Stewart Home et la carte de donneur de Carey Young sont des œuvres d'art qui prennent la carte de donneur d'organe du Royaume-Uni comme point de départ. (on a pas mal dérivé du point de départ là quand même). Sans cela, à titre de référence, il est peut-être déroutant de déchiffrer ce que nous regardons exactement (les deux œuvres sont des enquêtes philosophiques sur la mortalité). Pour ceux qui ne sont pas familiers avec une carte de donneur, disons simplement que l'original est une carte que l'on signe afin que ses organes soient réutilisés par quiconque en a besoin, une fois entré dans les portes de la mort. (Ça doit être sympa pour les médecins, au moins ils sont sûrs de tuer personne, vu qu'ils sont déjà morts). La carte elle-même n'est pas contractuelle, même si une signature est requise, mais on peut cocher quelques cases pour choisir quelles parties trouveront ou ne trouveront pas un nouvel hôte corporel. (Trop cool. Un rein par ci, un cœur par là et hop un humain tout neuf).

Les films ont exploré ce qui peut arriver en héritant des yeux ou des membres de quelqu'un d'autre... (Comme Human Centipede, et hop un mille-patte humain). Ce sont tous les deux des artistes anglais blancs de la même génération, encore en vie au moment de l'écriture de ceci. Prenons un exemple parmi tant d'autres. Huit ans peut-être une éternité pour les gens, mais n'oublions pas que nous sommes morts beaucoup plus longtemps que vivants et qu'après un certain temps, huit ans est vraiment une tâche dans la portée de l'infini. (Merci Sherlock) (Il est malin lui).

Les deux cartes traitent de ce qui se passe après la mort, bien que de manière presque opposée.

La carte de Carey Young, est signée par l'artiste et, en la signant elle-même, elle indique que la carte est devenue une œuvre d'art jusqu'à la mort de l'un des deux signataires. À ce stade, le statut artistique de ladite carte disparaîtra. (excuse nous madame l'artiste transforme tout ce qu'elle signe en œuvre d'art) (Un peu prétentieux comme démarche ou alors totalement en vogue vu la boboïfication)

La carte de Stewart Home, en revanche, est un don pour que le cadavre du signataire soit utilisé sexuellement. (Et bien dis donc après 69 choses à faire avec une princesse morte, on reste dans les bonnes habitudes)

Les deux cartes, cependant, dépendent de la croyance personnelle et de la foi personnelle, car aucune d'entre elles n'est légalement approuvée par le gouvernement britannique. (ah bon? la famille royale n'aime pas la nécrophilie). Ces deux cartes ont souvent été le point de départ de discussions plus longues qui sont devenues le centre des soirées sans jamais revenir visiter aucun des autres articles du portefeuille - un excellent moyen de quitter la visite sans avoir à passer par la boutique de cadeaux. (petit débats sur la nécrophilie autour d'un p'tit chardonnay sympa). (Déjà, parler d'art en soirée pour qu'on nous explique à quel point Picasso est merveilleux, bon... La nécrophilie à côté c'est plus divertissant)

Attends, attends, on va se renseigner sur son penchant nécrophile. Enfin, il est sérieux ?

"recherche google"google"

"Le musicien Bill Drummond m'a dit qu'il garderait sa nécro carte dans son portefeuille à côté de sa carte de donneur d'organes en disant : «J'ai envie de me faire enculer avant de me faire arracher les reins»."
Ah, bah, il ne s'embête pas le Billy.
Et c'est quoi en fait les cartes pour les organes-là ?
"recherche google"
Ah, mais en fait c'est même pas pour donner ses organes.

Visa temporaire pour le Royaume d'Elgaland-Vargaland, une micro nation née de l'imagination des artistes suédois Carl Michael von Hausswolf et Leif Elggren en 1992.

En farfouillant dans mon portefeuille l'autre jour, j'ai retrouvé cet objet amusant. Un visa temporaire pour le Royaume d'Elgaland-Vargaland, une micro nation créée par deux artistes suédois pour un projet d'art conceptuel. Ils ont tout fait pour se conformer aux normes installées par les autres pays. Ils ont créé un drapeau rectangulaire, une langue, une constitution, des pièces de monnaie rondes, des ambassades et ministères. Ils ont inventé sans innover. Mais l'ont-il fait consciemment, dans le but de justement, se conformer au modèle des superpuissances pour se faire reconnaître comme une nation à part entière?

Créer un visa pour un pays que l'on a soi-même créé de toutes pièces. C'est fou. Et pourtant en un sens, c'est très simple. C'est normal. Créer un monde, c'est quelque chose que l'on fait depuis qu'on est tout petit dans la cour de récré ou dans sa chambre, seul ou avec ses copines.
Je me souviens, petite, m'immerger dans le monde fictif des livres de JK Rowling et de JRR Tolkien. Je n'avais plus des euros mais des galions et des noises. Je n'allais plus à Paris mais sur la Terre du Milieu.
Pourtant quand on y pense, eux aussi se sont conformés aux normes du monde réel. Qui dit que nous avons besoin de pièces circulaires pour la monnaie, d'un ministre pour nous diriger, de régions pour découper la carte ? Imaginez, voyager dans un pays où le dirigeant serait un roi égal à ses concitoyens, et habiterait dans un studio car il gagnerait le SMIC, étant donné qu'être roi ne serai pas une occupation rémunérée. Imaginez, voyager dans un pays où il n'y a pas de billets et de pièces de monnaie, mais seulement du troc, la valeur des produits étant décidée par son consommateur. Imaginez, voyager dans un pays où l'administration est tirée au sort tous les 6 mois d'après les registres des recensements annuels. Voilà, un semblant de pays échappant aux normes, sorti avec difficulté de notre esprit normé.

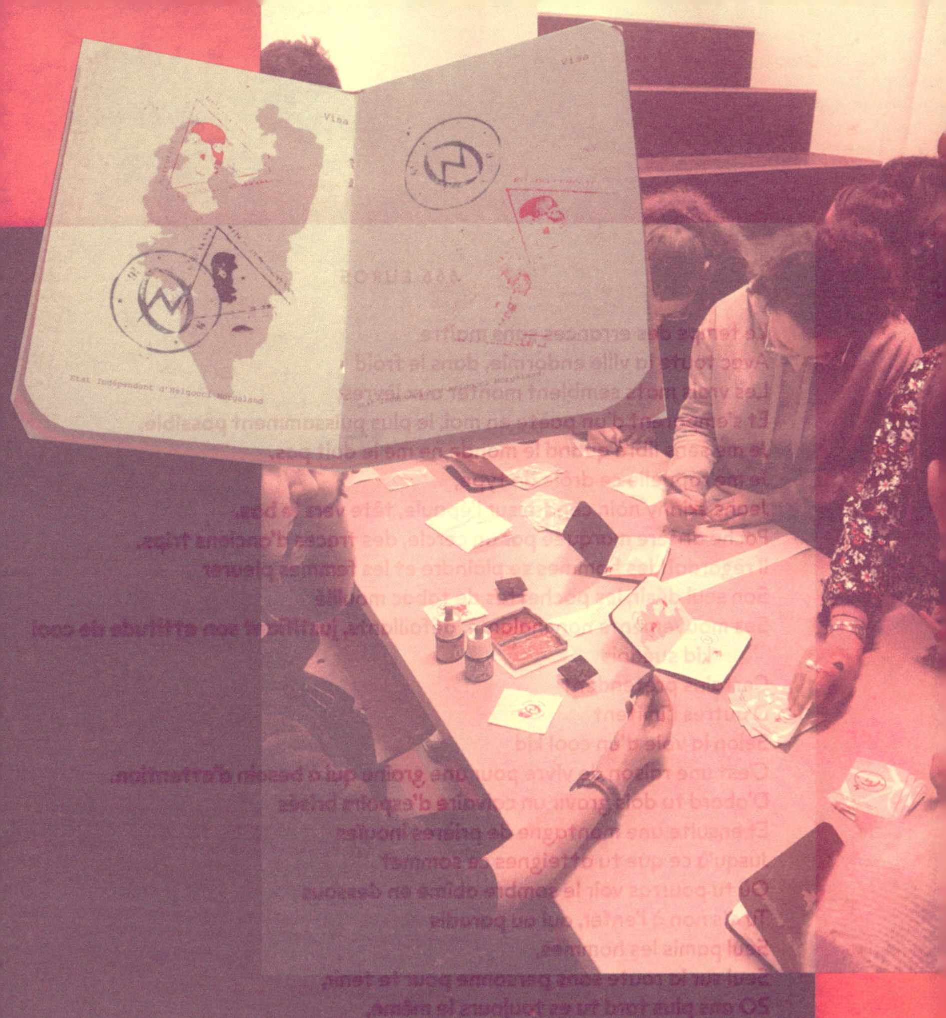

Mais comment échapper à ces normes ? On devrait pouvoir être capable de s'en libérer, non ? Qu'est ce qui nous pousse à créer notre propre micro nation après tout ? Utiliser la fiction pour dénoncer notre réalité comme nous avons pu le voir au cours de l'Histoire, avec Utopia de Thomas Moore, qui a utilisé la liberté donnée par la création d'une micro nation pour inventer une utopie exacerbant les défauts de son monde.

Le temps des errances sans maître
Avec toute la ville endormie, dans le froid
Les vrais mots semblent monter aux lèvres,
Et s'emparent d'un poète en moi, le plus puissamment possible.
Je me sens libre quand le monde ne me le doit pas.
Je me rappelle ce drôle de type,
Jeans skinny noir, cendre sur l'épaule, tête vers le bas.
Poche arrière marquée par un cercle, des traces d'anciens trips.
Il regardait les hommes se plaindre et les femmes pleurer
Son seul désir, les pochettes de tabac mouillé
Ses mouvements nonchalants, défaillants, justifiant son attitude de cool
    kid suédois
Certains prétendent
D'autres l'imitent
Selon la voie d'un cool kid
C'est une raison de vivre pour une graine qui a besoin d'attention.
D'abord tu dois gravir un calvaire d'espoirs brisés
Et ensuite une montagne de prières inouïes
Jusqu'à ce que tu atteignes ce sommet
Où tu pourras voir le sombre abîme en dessous
Tu dis non à l'enfer, oui au paradis
Seul pamis les hommes,
Seul sur la route sans personne pour te tenir,
20 ans plus tard tu es toujours le même,
Jeans skinny noir, Cheveux cendrés, tête vers le bas,
Poche arrière marqué par un cercle, des traces de la vie passée.
Me dire que c'est un autre jour dans la vie d'un artiste affamé...
Son seul désir ; dans sa poche, au creux de sa paume, 666 euros réduit en
    confettis,
666 euros qui attendent de crier liberté

Cette note est écrite à la main, au crayon, sur une fine feuille de papier journal. Ayant était pliée trois fois à la taille approximative d'une carte : Savais-tu qu'il y avait une impératrice dans l'histoire de la Chine ? Connais-tu son nom ? Il n'y a pas d'inscription sur le dos. Je n'ai jamais aimé visiter une exposition avec d'autres personnes. Leur allure empiète sur la mienne et je paye constamment attention au temps qu'ils passent devant une peinture ou pire, une vidéo en boucle. Penseront-ils que je suis superficiel de m'attarder si peu ? Il m'est déjà arrivé, étant enfant, de regarder une peinture de van Gogh pendant une heure juste pour prouver à mes camarades que j'étais un vrai admirateur d'art lorsque j'étais juste une fraude. Une fois adulte, j'en suis venu à apprécier l'art plus personnellement. Malheureusement, j'ai pu expérimenter les regards inquisiteurs des personnes m'accompagnant. En ce jour, je me dois de fréquenter les expositions par moi-même, non pas par peur d'exhiber mes connaissances esthétiques mais aussi car je ne veux pas dépendre d'un effort laborieux à mon égard. Au-delà de cette légère névrose et ce défaut de caractère, visiter des expositions seul peut susciter d'intenses rencontres. Plus particulièrement des performances destinées à de plus grandes audiences. Être seul avec un interprète, peut dans un cas briser le quatrième mur et créer l'embarras ou être simplement magique ou les deux.

Cette note m'a été donnée par une interprète asiatique performant dans un centre d'art publique à Malmö en Suède. J'ai dû escalader dans la galerie et plus loin dans la structure, par un trou ayant été percé dans un mur de plâtre, probablement avec une massue. Malgré la présence des autres visiteurs, j'étais livré à moi-même dans cette petite cabine éclairée d'un néon ultraviolet. Je me rappelle d'une multitude d'objets éparpillés et suspendus. Le nom de l'artiste m'échappe. Il n'y avait aucun bruit, mais les lumières clignotaient. Les objets semblaient bouger légèrement y compris la masse blanche que je percevais du coin de l'œil. Elle me parut soudainement très proche et détruisit instantanément ma sérénité. Un frisson parcourut mon corps comme une sensation chaude et piquante le long de mon dos.

La masse blanche n'était pas laide, mais ses dents et son visage couvert de maquillage blanc lui donnait l'apparence d'un fantôme. Comme ceux des films asiatiques des années 90's, à l'exception de ses courts cheveux en bataille. J'étais médusé par son apparition, elle se tenait si proche de moi que je pouvais sentir son haleine — cette intime effluve de l'intérieur de quelqu'un. Cette odeur n'était pas dérangeante, ni mentholée ou tout ce qu'on pourrait associer à une bouche. C'était juste intime, une odeur que seul des frères, un amant ou un enfant peuvent reconnaître. J'étais grandement exacerbé et perturbé car j'étais seul. Puis elle sortit une note de sa poche en souriant. Elle me demanda — ou est-ce qu'elle a juste récité rhétoriquement — Savais-tu qu'il y avait une impératrice dans l'histoire de la Chine ? Connais-tu son nom ? Puis clairement à côté de la plaque, elle demanda : Êtes-vous Chinois?

Habituellement les asiatiques sont doués pour repérer les différentes nationalités des régions d'Asie du sud-est. J'étais surpris car on me demande toujours si je suis Japonais ou Mongolien. Je lui ai répondu que j'étais Japonais, et j'ai été étonné par sa supposition à quoi elle répondu : « Oh! Mais les Japonais sont minces. »

Cette note m'a été donnée par une interprète asiatique performant dans un centre d'art publique à Malmö en Suède. J'ai dû escalader dans la galerie et plus loin dans la structure, par un trou ayant été percé dans un mur de plâtre, probablement avec une massue. Malgré la présence des autres visiteurs, j'étais livré à moi-même dans cette petite cabine éclairée d'un néon ultraviolet. Je me rappelle d'une multitude d'objets éparpillés et suspendus. Le nom de l'artiste m'échappe. Il n'y avait aucun bruit, mais les lumières clignotaient. Les objets semblaient bouger légèrement y compris la masse blanche que je percevais du coin de l'œil. Elle me parut soudainement très proche et détruisit instantanément ma sérénité. Un frisson parcourut mon

A la billetterie du MAMCO de Genève, une transaction a lieu. En échange de 10 francs suisses, j'accède aux merveilles de l'art contemporain. Une pile de cartes de visite qui attire mon attention se révèle être en réalité un monticule d'écriteaux portant le titre « sculpture pour l'intérieur d'une chaussure ». A côté, se trouve un bocal en verre transparent rempli de petits cailloux irréguliers. Ils ne sont ni doux ni ronds mais rugueux et saillants. Le gardien du musée sourit et me propose de participer à cette expérience initiatique, une véritable rencontre avec l'art. Je n'ai pas besoin d'explications supplémentaires alors je calme l'enthousiasme du gardien en posant mon doigt sur ses lèvres. Je hoche la tête ; il me répond. Alors, en silence, je me baisse. J'enlève ma chaussure et y insère avec précaution le caillou choisi. Je remets ensuite ma chaussure et prend l'écriteau. Je ressent la douleur à chaque pas. Cinq étages d'exposition en étant soi-même une œuvre d'art, éprouvant la souffrance et l'exprimant par une démarche claudiquante. Au deuxième étage, une personne boite également. On échange un regard complice.

Quand les lumières s'éteignent, est-ce que les sculptures s'étirent et se moquent des visiteurs ?

La souffrance serait-t-elle si peu présente de leur quotidien qu'ils auraient besoin de payer pour l'expérimenter ici ?

UN PORTEFEUILLE IMPRIMÉ AVEC LE DESSIN D'UN DOLLAR ACHETÉ À SINGAPOUR

Je me tiens devant un stand en face d'une cinquantaine de monnaies exposées. Attends, elles sont fausses. Ah, devine quoi, je me suis fait avoir...en fait ce sont des portefeuilles en solde avec une cinquantaine de monnaies imprimées dessus, une pour chaque touriste à ramener chez lui.

Voilà qui est très malin !

N'est-ce pas ? Et pour quiconque vivant dans une ville cosmopolite, c'est le summum des souvenirs... D'ailleurs, là d'où je viens, il est plus commun de vouloir cacher de l'argent, donc l'idée du portefeuille qui ressemble à une grosse liasse de billets n'a plus beaucoup de sens pour moi.

Je remarque que le seul portefeuille où est imprimé "SPECIMEN" est singapourien, écartant sans doute ses chances d'être acheté par les touristes qui ont soif de richesse. A chaque fois que je voyage à l'étranger, je porte mon déguisement local. Imagine, la probabilité qu'un asiatique aux cheveux longs puisse se fondre dans la masse de locaux. Tout dépend de la capacité d'auto-illusion de ce dit touriste !

Et ton déguisement quel est-il ?

Mon déguisement ? Un faux tee-shirt Adidas vert, avec seulement deux barres. Et puis après, je passe dans n'importe quelle boutique pour prendre un sac plastique dans lequel je pourrai mettre mon portefeuille et mon téléphone dans un morceau de tissu, tout en n'oubliant pas un petit couteau suisse.

Tu as vraiment le droit de garder une arme avec toi ?

Le couteau n'est pas une arme mais plutôt une boîte à outils servant à détruire tout ce que tout ce que l'on trouve dans la rue qui pourrait se transformer en une nouvelle chose, appelle ça une sculpture ou un jouet, au fond, quelle est la différence ?

Attraction
Attiré
Par les couleurs arc-en-ciel de ses rayons
Rouge
Jaune
 Vert
Bleu
Brillant, luisant, attirant
La couleur active notre cerveau
Elle guide nos pas vers elle
Elle sublime nos envies, nos rêves
Prends moi ! Oui ? Je le veux
Tu me donnes envie
Tu me dictes mes actions et je te suis
Je suis un mouton, je t'écoute
Tu es fais pour moi
Toi
Toi, la main qui me dictes que faire
Je te prends comme tu me l'as demandé
 Tu as tout fait pour et en voilà le résultat

Chez moi
Je me retrouve avec 342 cartes de toi

Je te collectionne
Parmis mes quatre-vingt-quatorze cravates à motifs
Mes sept jambons fumés
Mes trois-cent-deux cartes de visites éparpillées
Mes trente-trois carnets presque plein
Mes cinquante-et-une boites de pilules vides
Mes sept-cent-vingt coquillages marron
Mes soixante-six stickers abîmées
Mes dix piles empilées
Et mes trois tasses cassées

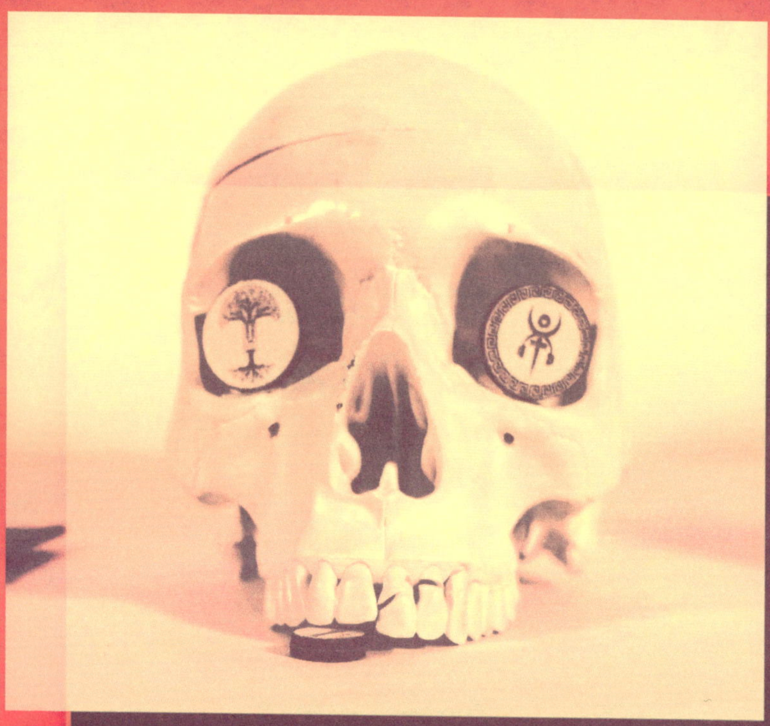

Mais tu n'es plus la
Ton présentoir est vide,
Vide de sens
Plus qu'un ressort.
Maintenant que je t'ai consommé, je n'en vois plus l'utilité
J'éteins ma clope, je m'étais épris de ton cancer

Je peux tout jeter, mais aussi tout racheter
Mais cette fois ce ne sera pas toi.

Rien n'est jamais gratuit, même lorsqu'on parle d'un billet de 0€. J'ai du
insérer deux pièces d'1€ pour acquérir ce billet. Il se trouvait dans
une machine distributrice aux portes du Musée Océanigraphique de
Monaco. Là où rien n'est gratuit. Même pas un vrai billet de 0€. Je
l'ai donc acheté tel un souvenir qui n'a de valeur que pour nous.
C'est tout de même ironique : ce billet de 0€ vaudra quelque chose aussi
longtemps que les gens comme moi en achèterons. Après tout, c'est
la Banque Centrale d'Europe qui les produit. La même Banque qui is-
sue toute l'argent d'Europe. Ce billet est un vol délibéré de leur part.
Comme le reste quoi.

Bien que ce billet m'ait fait réfléchir, je m'en suis départi par mégarde
lorsque je l'ai donné au bartender la soirée même, pensant qu'il
s'agissait du billet de 20€ qui se tenait juste à côté dans ma poche.
Cette histoire l'a bien amusé, au point où j'ai pu payer tout ce que jai bu
cette soirée-la avec ce vrai billet de 0€.

Chaque fois que je vois un billet de $100 dollars américains, je me souviens de « Chicharito » (joueur de football mexicain) ; voici l'histoire.
C'était l'année 2010, tous les quinze jours ma famille et moi allions au stade de Jalisco pour voir jouer notre équipe de football préférée «Las Chivas». Aller à un match de football est toute une expérience, mais rien ne se rapproche de ce que vous pouvez trouver au Mexique. Ce samedi-là je me promenais à l'extérieur du stade, quand un homme s'est approché de moi et m'a offert un billet de $100 dollars, bien sûr je l'ai pris tout de suite, mon œil m'a joué des tours pendant quelques secondes, mais quand j'ai regardé attentivement le billet, j'ai trouvé que c'était un faux billet très astucieux.

En fait, c'était un dépliant pour un restaurant. D'une part, on peut voir le visage de « Chicharito » qui a remplacé le visage de Benjamin Franklin et sur le côté gauche du visage un timbre avec le logo de l'équipe de football de Manchester United. Il est important de noter que cette année-là, le joueur est devenu membre de l'équipe européenne. En tournant le dépliant, vous retrouvez toutes les informations sur le restaurant et ses services. J'ai décidé de garder le faux billet, que j'utilisais parfois comme blague lors du paiement.

4999
Si Dieu créa l'univers, Arthur Lloyd le composa de 5000
    items mémorisés. L'idée étant que Lloyd avait sur
    lui un objet représentatif pour toutes les choses
    qui existe. 5000, pour composer Mon monde. 5000,
    pour composer Ton monde. 5000, pour composer Notre
    monde. Sont-ils les mêmes mondes ou peuvent-ils être
    des 5000 différents ?
S'ils sont différents, 5000, j'en ai pour Toi. 5000, en
    as-tu pour Moi ? Je ne sais pas si j'ai beaucoup de
    5000. Je me crois avoir plus de 5000 qu'il y a de
    5000 pour Moi.

- Tu es Mon 5000 -
S'ils sont le même 5000. Mon 5000 est-il complet ? On
    questionne la légitimité de la performance d'Arthur
    Lloyd et on accuse Son 5000 d'apocryphe. Avait-il
    réellement 5000 items dans sa robe académique ? On
    estime que le poids du monde qu'il portait était
    de 25kg, mais 25kg semble absurde lorsqu'un le met
    en regard à celui d'un univers. L'un doit croire
    que c'était beaucoup plus que 25kg. 5000, je crois,
    est l'accumulation d'une vie entière. 5000, on peut
    l'acquière qu'à une fin de vie. 5000, le mien, Je
    ne le crois pas complet. 5000, parfois il est tout
    juste à Mes pieds. 5000, Tu en as parlé hier. 5000,
    avec Toi n'existe pas. 5000, j'aimerais le voir avec
    Toi. 5000, j'en ai vécu. 5000, ne peut pas être 25.

- Tu es Mon 5000 -
Bout de papier arraché,
Lettre jamais postée,
Tatouage identique
Carte d'anniversaire,
Photo argentique.
Sans Fin.

UN BILLET DE 5 EUROS MARQUÉ DE ROUGE À LÈVRE SUR UN CÔTÉ (UN CHANDELIER FRACASSÉ QUI PASSA LA FRONTIÈRE DANS LA POCHE DE MA VALISE)

La science ne me permet pas encore d'être à plusieurs endroits à la fois, ni mon portefeuille d'adopter un style de qui frôlerait la définition de "bougie". Affublée tout de même d'une certaine sensibilité pour l'art, j'ai pu par le passé m'organiser une journée aux musées, des après-midi en salle de cinéma et même des soirées en concert à la Place des Arts.

Mes quelques expériences m'ont tout de même permis de duper à quelques reprises des accointances sur l'étendue de mes connaissances, blindées par mon savoir rudimentaire acquis suite à une brève lecture sur le sujet ou grâce aux anecdotes d'autres victimes. Malgré le bluff apparent, j'aime partager mes souvenirs avec des amitiés en devenir, parfois dans le but égoïste (voir peut-être lâche) de préserver l'intérêt que je pourrais leur susciter, d'autres fois pour le plaisir de voir mon interlocuteur profiter du moment pour révéler ses propres histoires; exprimer son émerveillement; révéler une expérience qui semble bien plus grande que nature.

Juste avant le début de ma troisième année de baccalauréat, lorsqu'il me restait quelques fonds à flamber, il me prit l'envie de visiter New York. Je pris des notes sur le meilleur itinéraire et remplis chaque heure de mon calendrier avec le plus de musées que mon petit corps me permettrait d'explorer. Pour chacun d'eux, je m'arrêtais dans la boutique souvenir pour la libérer de l'item le moins cher qui embellira le mieux la porte de mon réfrigérateur ou ma bibliothèque.

La dépense la plus farfelue que j'ai faite a été dans un petit café de la rue Hudson. Voulant simplement me procurer un petit-déjeuner, j'ai eu le malheur de m'installer devant un rayon de produits artisanaux. Celui qui gagna mon amour fut un élégant chandelier en forme de coupe de verre dans lequel étaient piégées des roses séchées, objet absolument impossible d'être ignoré par tout touriste prétendant avoir du bon goût.

La vendeuse ne devait sûrement pas se douter qu'il devra passer la frontière américaine avec sa nouvelle propriétaire, car elle donna pour seule protection un sac en carton et du papier de soie. C'est enfin de retour à mon appartement que je fus exposée à ma propre sottise, car le verre fut sans surprise brisé et le pied de la coupe fracturé. Après une visite à la quincaillerie locale, je passai plusieurs soirs à méticuleusement reconstituer ce luxueux trésor avec un succès modéré. Le chandelier n'a sûrement plus de valeur commerciale, mais il garde la marque de mon entêtement – probablement sous la forme de mes empruntes digitales immortalisées sous le verre par la colle.

A SOFT PLASTIC CIGARETTE BOX
BOUGHT IN MATSUYAMA

La femme a 31 ans

Elle conduit, sa mère, damme forte, aimée
    autant que
craignée par sa famille, est assise en ar-
    rière.
Elle lui donne des instructions pour se re-
    joindre plus tard. La mère, ayant peur
    d'oublier, lui demande un papier pour le
    noter.
Regarde dans mon sac (merde)
Un stress immédiat l'attaque et elle ima-
    gine tout les remarques désagréables de
    sa mère face au contenu de son baggage.
Lipstick - pourquoi aussi rouge? pourquoi
    pas plus modeste?
Clée unique - Tu dois avoir 2 serrures, voir
    3! ce n'est pas sécuritaire Mace (absence
    de) - Je t'en achèterai un, tu sais com-
    ment ils sont les arabes...
Soudainement au coin de son oeil, elle sait
    sans même le voir que sa mère a trouvé
    son paquet de cigarette
devrais-je écrire sur ça?? (dramatique)
Et là ça frappe!
À son âge, elle fume encre en cachette

À: Perhaps ideal to do a talk about "the knife" as a jacket, a book of stories, a collaboration with Peter Jensen. My proposal is that I do the talk and each student translates a text from English to French as a "barter", trying to avoid Google translate but something that becomes quebecquois.

＊

Je visite souvent des magasins d'occasion car ce sont les derniers vestiges d'une découverte accidentelle en matière de shopping. «Les gens qui ont acheté ceci a également acheté cela», n'est pas la consommation habituelle, le travail consiste principalement à recevoir et trier des objets donnés, des objets donnés par des clients potentiels.

Les brocantes sont souvent aussi le réceptacle d'objets faits à la main, tels que des peintures, des céramiques ou des sculptures. Il est intriguant de savoir qui donne les choses et encore plus qui les achète. L'artiste américain Jim Shaw possède une grande collection de peintures de friperie. Finalement, il a cessé d'en acheter montrant un visage ou des mains parce qu'il trouvait ça trop facilement étranges et inquiétants. Apparemment, les peintres amateurs et semi-professionnels gâchent les mains, les visages et les proportions du corps presque à chaque fois.

Cependant, c'est une sensation merveilleuse de fouiller dans une boîte d'articles divers qui, selon les gens, pourraient avoir une seconde ou une troisième vie dans une autre maison. L'ancien trésor de quelqu'un est le futur détritus de quelqu'un d'autre. C'est dans un tel magasin que je suis tombé sur une veste en cuir avec l'odeur de la cigarette et des traces de vécu de sa deuxième vie. Changer la direction de son utilisation première, en la transformant en une mallette, pour transporter des objets du quotidien.

L'Amérique, terre de liberté ou autrement connue comme terre d'opportunités. Une Amérique presque parfaite ? Ce jeune pays soi-disant revendiqué comme étant la découverte des Européens et ce, malgré le fait que celle-ci était déjà peuplée par le passé avant l'arrivée prétentieuse de Christophe Colomb ou encore Erik Le Viking. Oui, assurément, cette belle et grande Amérique.

Dans la même ligne de pensée, déclarer que plier un billet de 20$ de la même façon comme on le ferait pour fabriquer un avion vous amène lentement à dessiner la silhouette des 2 tours jumelles World Trade Center conçu par l'architecte Américain Minoru Yamasaki, en feu, juste avant leur effondrement pendant les attentats du 11 septembre 2001 par des terroristes d'Al-Qaïda. - Propos tout simplement audacieux.

Ces billets d'argent ont été conçus bien longtemps avant ces attentats et même bien avant la naissance de l'organisation terroriste. Si nous prenons la peine de nous pencher sur leur design, on pourrait presque considérer sa symbolique comme étant prémonitoire. Tel la post-rationalisation est dérangeante mais pas très surprenante. Que suggère-t-il ? Que l'Amérique, ou certains de ses puissants dirigeants, avaient planté un indice relatant à l'un des événements historiques les plus importants de le XXIe siècle à la vue de tous sur l'un des l'imprimé le plus diffusé dans le pays ?

Était-ce une sorte d'avertissement pour les personnes qui ont essayé de l'empêcher - attitude d'un bon américain conspirationniste- ou juste l'œuvre sinistre d'un poisson d'Avril par les coupables égocentriques ? Tout le monde semble se rappeler où ils étaient et ce qu'ils faisaient ce jour-là.

Dans notre studio de Londres, c'était un jour comme les autres et croyez-le ou non, nous écoutions la radio plutôt que de suivre le drame sur Internet. Nous avons continué à vaquer à nos affaires et le soir nous nous sommes rendus à une conférence par le graphiste Stefan Sagmeister qui a vécu et travaillé à New York. À notre arrivée sur le site, on nous a dit que la conférence avait été annulée en raison de l'attentat survenu ce jour-là. L'humeur de tout le monde était sombre et les discussions et les spéculations étaient toutes centrées sur les accidents d'avion.

Pour échapper à tout cela, nous sommes allées rejoindre nos amis, autour d'un verre dans un bar à Hoxton. Un verre en a entraîné un autre et la prochaine chose que nous savions c'est que nous nous sommes retrouvés à six personnes dans un club presque vide, à danser jusqu'au petit matin.

Qu'est-ce qui nous a pris ? Comment avons-nous pu faire preuve d'inconscience totale et de légèreté alors que le reste de Londres était probablement rentré chez eux pour être auprès de leurs familles et réfléchir sur la préciosité de la vie, la fragilité du monde, l'ordre et la petitesse d'un être humain.

Dix-sept des années après les événements, je ne suis toujours pas sûr de mes 1001 sentiments à propos de cette réaction étrange. Par coïncidence ou pas, nous n'avons jamais revu les amis avec lesquels nous avions vécu ce moment de déni au rythme de la boisson et au pas de la musique.

PS : Êtes-vous également troublé par le fait que le 11 septembre, événement familièrement appelé 9/11, chez les américains, soit aussi le numéro pour les services d'urgence tels qu'ils existent depuis 1968, plus de 30 ans avant les attentats ?

Probablement pas.

FLATTENED OVAL SOUVENIR COIN

Quand j'avais treize ans, ma famille et moi avons fait un voyage à travers le pays pour visiter les universités Ivy League. Honnêtement, je ne savais pas encore ce que je voulais étudier, mais comme la plupart des enfants américains, j'avais grandi avec le rêve de faire mes études dans une Ivy League. Nous avions déjà visité Harvard et Princeton, mais dès que j'ai mis le pied sur le campus de Yale, j'ai su que c'était là que je voulais aller. Alors que nous étions assis dans l'auditorium en attendant le début de la visite du campus, j'ai repéré une pièce de 25 cents sur le sol entre les deux chaises devant moi. Je l'ai immédiatement ramassée et interprétée comme un présage que j'allais étudier à Yale. Après tout, une pièce de 25 cents n'est-elle pas 25 fois plus chanceuse qu'un sou? Pendant un certain temps, j'ai gardé cette pièce dans ma poche comme un porte-bonheur chaque fois que je devais étudier ou passer un examen important à l'école. Dix ans plus tard, et après avoir trouvé ma voie dans la vie, la valeur de cette pièce est revenue à son état initial - elle ne vaut pas plus que 25 cents.

J'ai trouvé cette carte dans une boite pleine de documentation liés à des expositions : programmes, flyers, affiches et invitations. Il n'y a qu'un seul mot dessus, dans la police Times New Roman, en noir et embossé pour pouvoir sentir les lettres au toucher : «Désolé». Le papier est élégant et légèrement lourd et plus rigide que les cartes téléphoniques fragiles standard. Je ne me souviens plus de l'avoir reçu, mais je peux supposer qu'elle venait d'un contexte artistique, peut-être une édition limitée. Il n'y avait aucune information sur celle-ci comme une signature ou même un site web. J'ai essayé de trouver des informations sur Google «carte de visite désolé» et je n'ai rien trouvé donc je ne peux pas donner les crédits à l'artiste qui a réalisé cette carte. L'artiste gallois Bedwyr Williams m'a dit un jour l'histoire de voir une serviette de plage sécher sur un balcon à Venise lorsqu'il y vécut en résidence. La serviette avait une photo du World Trade Center imprimé dessus dans des couleurs vives. Au début, il était étonné par elle et la combinaison parfaitement étrange de timing et l'emplacement. Un torrent de questions le frappa au en même temps : à qui appartenait-il ? Comment est-il arrivé ici? Ce sentiment pourrait-il être la rencontre avec l'art comme un concept? Presque immédiatement, et aussi énergiquement que l'émotion initiale, une pensée vint tout détruire : cette serviette était une œuvre d'artiste. L'art est très présente dans notre vie, que nous nous rendons compte ou pas, c'est des petits éléments dans les lieux communs qui peuvent faire la journée de certaines personnes et faire en sorte qu'elles se questionnent sur l'œuvre et leur vie. C'est la beauté de l'art.

Timbre français perpétuel

La question de savoir si un symbole a besoin d'un passeport est intéressante. Les symboles représentent souvent une certaine idéologie, des valeurs ou une nation, et leur signification peut changer au fil du temps. L'utilisation de Marianne comme symbole de la France en est un exemple. Alors qu'elle était à l'origine un symbole de liberté et de la Révolution française, sa signification a évolué au fil du temps pour représenter d'autres aspects de l'identité française.

Quant à la question de savoir si un timbre durera éternellement, il est vrai que l'idée d'un timbre perpétuel repose sur la croyance en la longévité de l'institution et de la nation qu'il représente. Cependant, comme le montre l'exemple du service postal libanais, cette croyance n'est pas toujours justifiée. Les empires romain et britannique ont disparu, les frontières de nombreux pays ont changé, etc. L'avenir est imprévisible, et il n'y a aucune garantie que les institutions et les nations d'aujourd'hui existeront encore sous la même forme à l'avenir.

En conclusion, les symboles et les institutions sont soumis à des changements au fil du temps, et leur signification et leur longévité ne peuvent être considérées comme acquises. La question de savoir si un symbole a besoin d'un passeport est un rappel que la signification et l'importance des symboles peuvent transcender les frontières nationales, et que leur valeur réside dans les idées qu'ils représentent plutôt que dans les frontières physiques auxquelles ils sont associés. La signification et l'importance des symboles et des institutions sont complexes et peuvent varier selon les personnes et les contextes. Les symboles et les institutions peuvent être une source de fierté et de cohésion pour les peuples, comme le symbole arc-en-ciel de la communauté LGBTQ+, mais ils peuvent également être remis en question et évoluer au fil du temps.

« L'aimeras-tu pour toujours ? »   « Auront-ils une belle fin ? »

Ce sont des questions à poser, mais auxquelles apporter une réponse est trop difficile. « Est-ce qu'un timbre durera à jamais ? » est une autre question que je me suis posé lorsque j'ai remarqué l'absence de valeur sur le timbre français. Depuis, j'ai pu remarquer la même chose dans d'autres pays. Le timbre français s'encre dans une tradition définie par plusieurs caractéristiques telles que le « 20g », qui évoque le poids limite qu'il est autorisé à transporter. La validité du timbre est infinie, je pourrais le garder et le faire passer de génération en génération, et dans un siècle, ils continueront de servir leur fonction : transporter une lettre dans toute la France. Ce minuscule bout de papier imprimé et adhésif est un témoignage de la croyance en la solidité de l'institution et de la nation.

Suis-je censé croire que le système postal durera à jamais ? Mes amis libanais en ont un tout autre avis : l'instabilité politique et institutionnelle de leur pays en est la cause. Dois-je croire que la France aura les mêmes frontières ? Existera-t-elle toujours en tant que nation ? En tout cas, ce timbre en prouve la croyance. Contrairement à sa fonction, le design du timbre change souvent avec la création de nouveaux visages pour Marianne, l'allégorie de la France : une femme de raison et de liberté au seins-nus, une personnification des valeurs de la République, les artistes peuvent lui donner le visage qu'ils souhaitent...

A travers la Marianne, Brigitte Bardot prend le profil que l'Etat souhaite lui attribuer : la femme sensuelle et intellectuelle de l'époque Godard, mais aussi la femme qu'elle est devenue par la suite, l'activiste des droits animaliers ou encore la sympathisante douteuse du parti d'extrême-droite.

Choisis ta Marianne. (Et ses valeurs).

En 2014, les critiques du timbre s'en prennent au nouveau dessin de la Marianne, basé sur Inna Shevchenko, la cheffe des FEMEN, un groupe féministe activiste manifestant contre le patriarcat, seins-nus.

Qui sera la prochaine Marianne ?

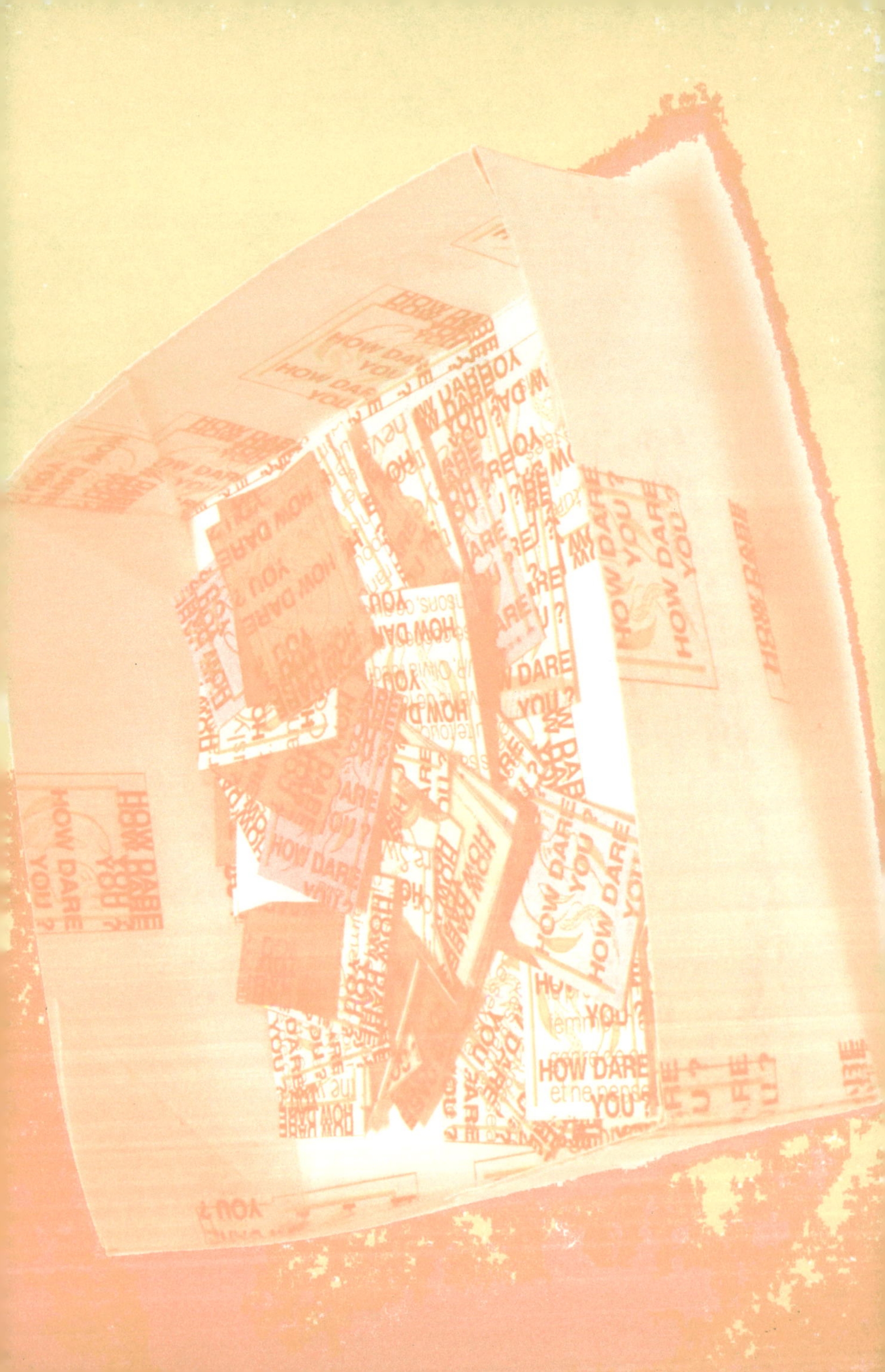
HOW DARE YOU?

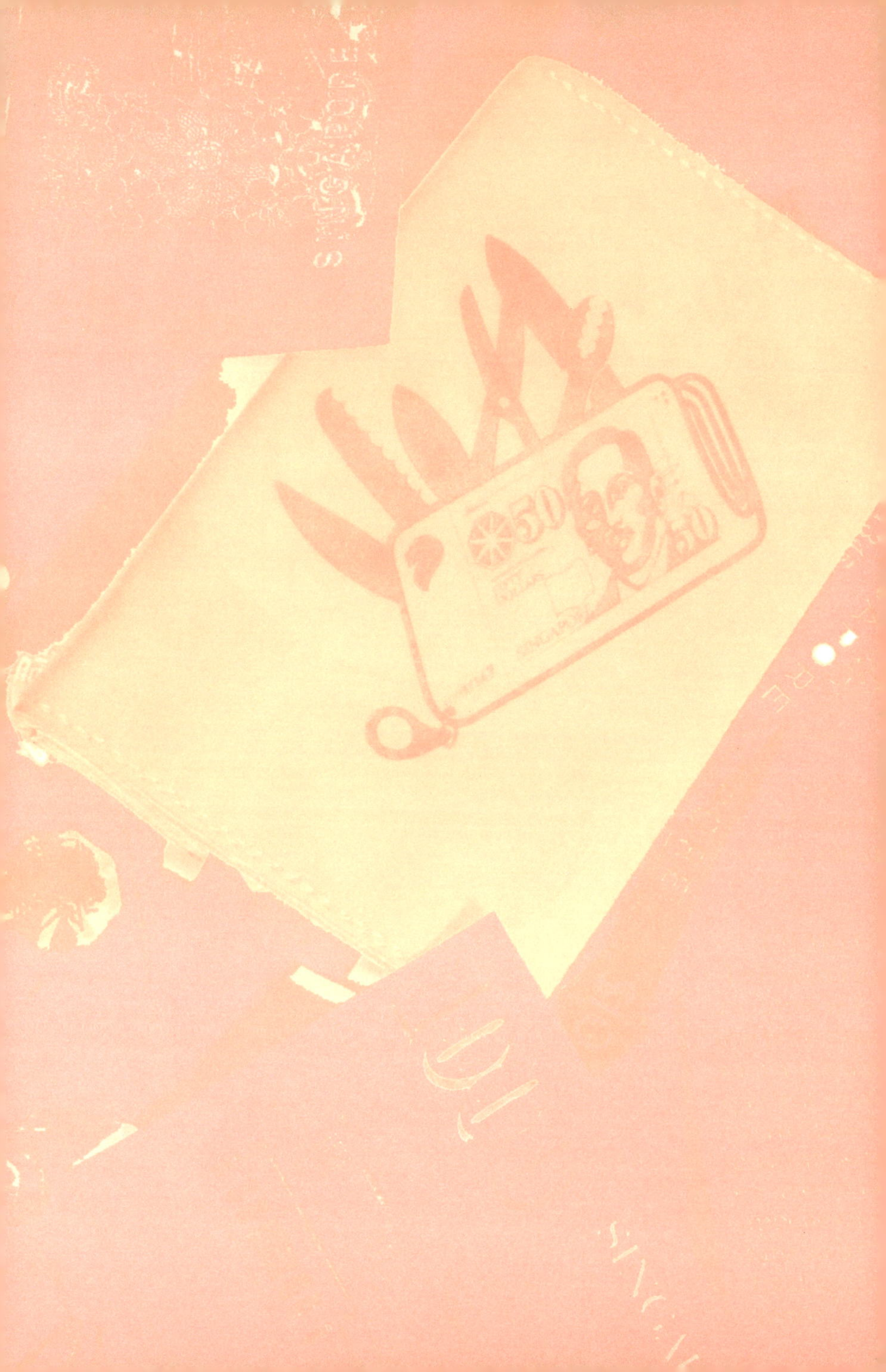

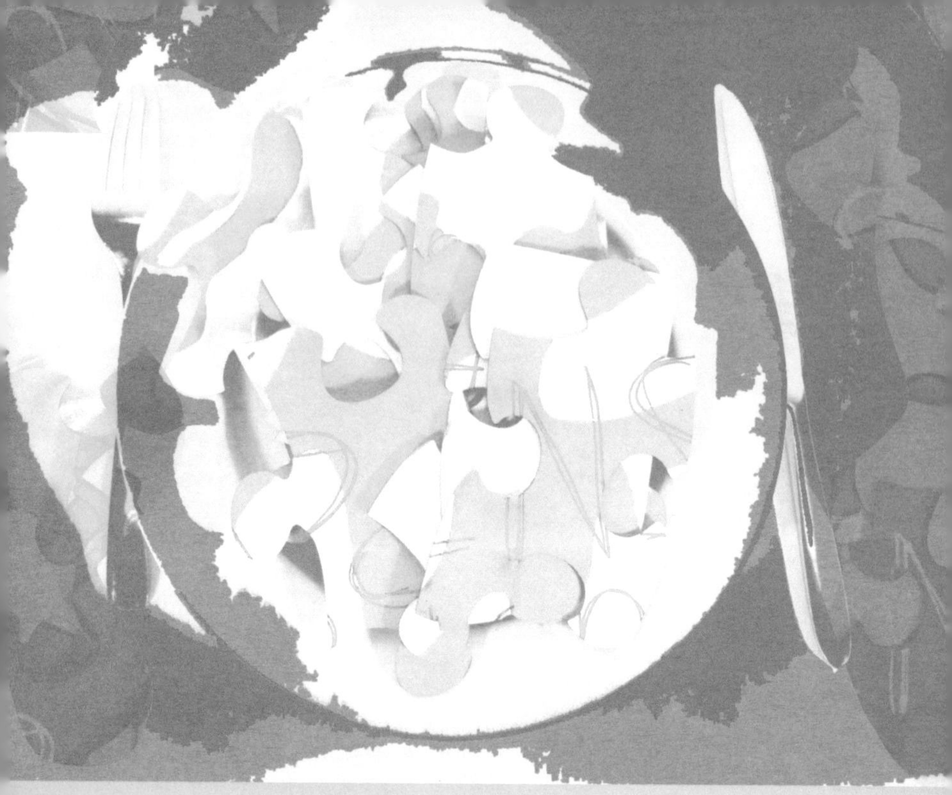

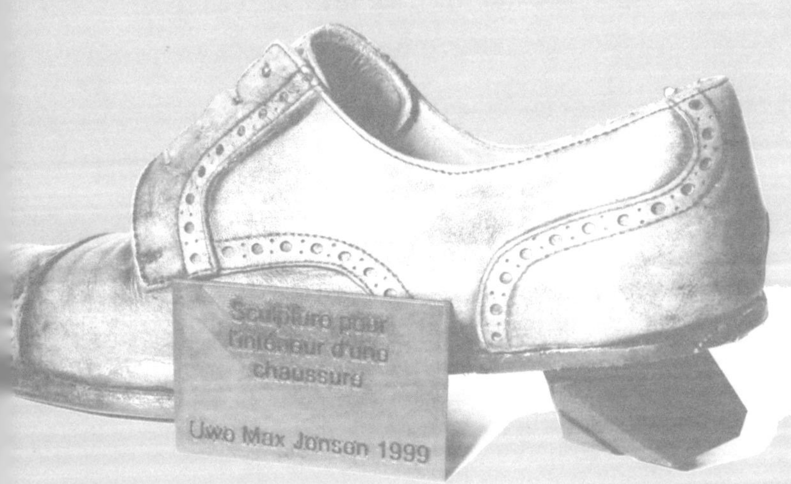
Sculpture pour
l'intérieur d'une
chaussure

Uwe Max Jensen 1999

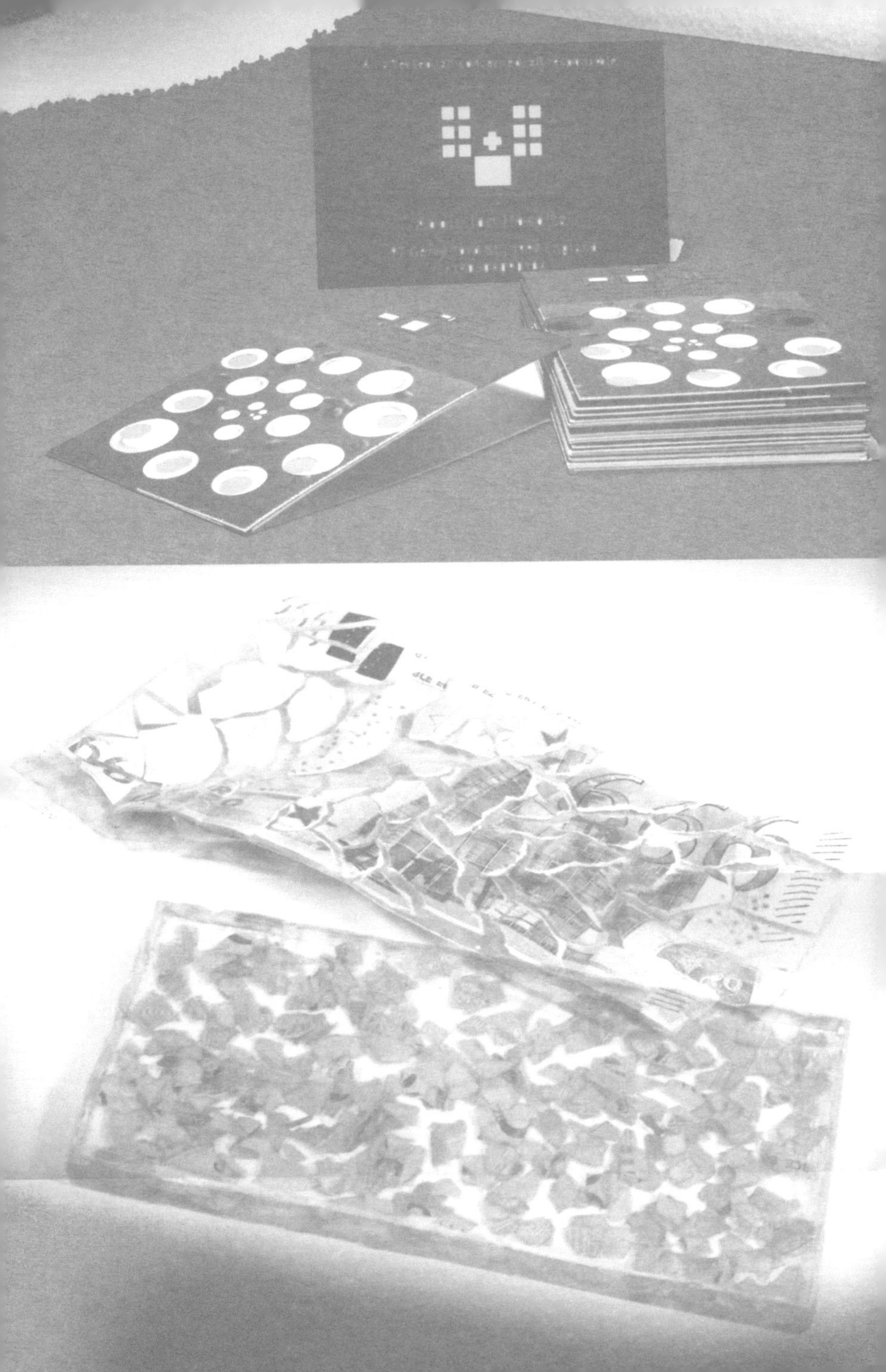

EXPONERI
S:t Johannes
MALMÖ KONSTHALL

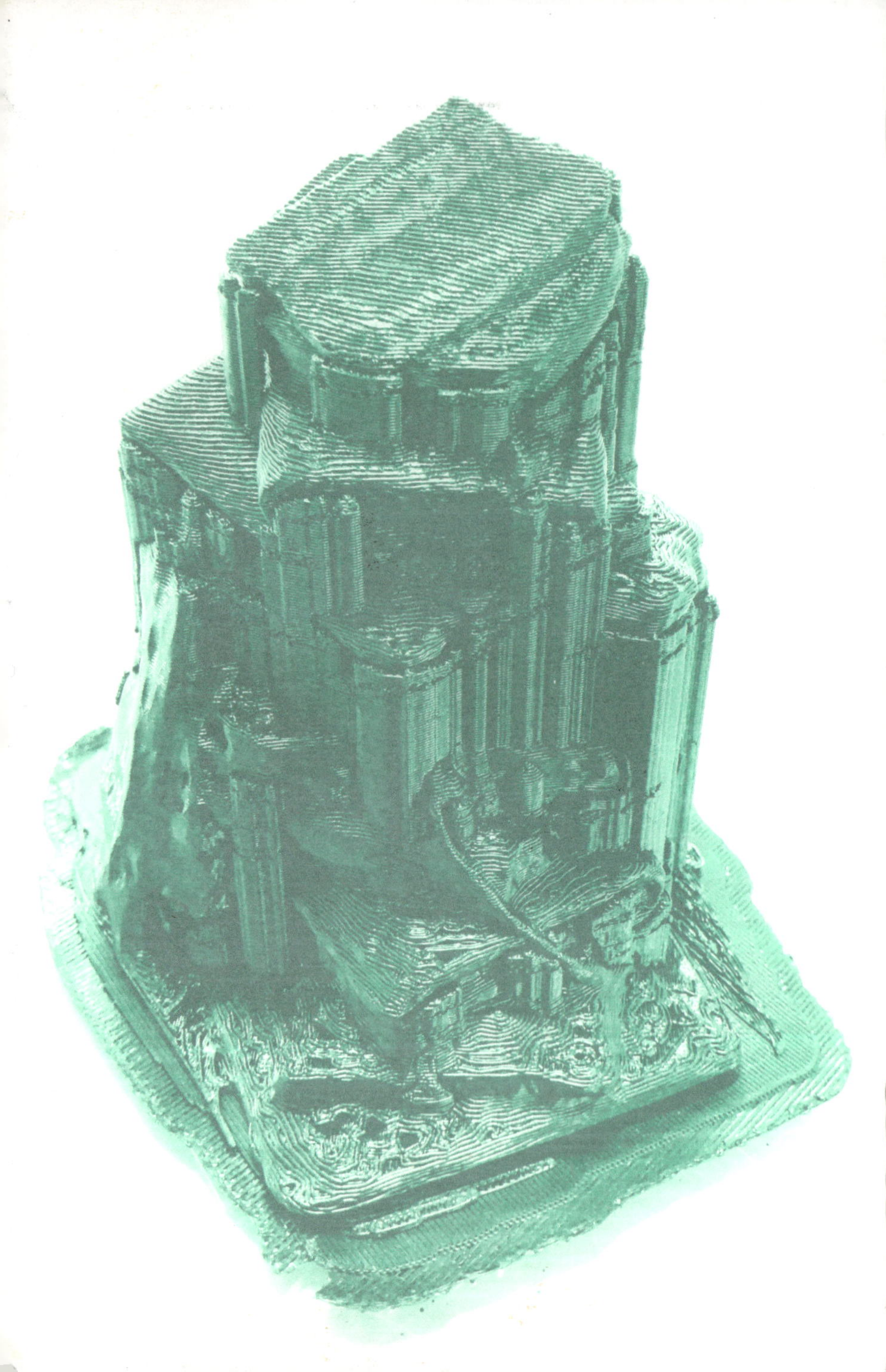